Cavalcade océane

Marie Tabarly

Cavalcade océane

Victoire autour du monde sans satellite à bord de *Pen Duick VI*

ARTHAUD

82, rue Saint-Lazare
CS 10124
75009 Paris
ISBN : 978-2-0804-8357-7

« L'équipage était bon, le bateau était bon,
la mer l'a permis. »
À Tom et Kai qui ont donné bien plus
que demandé, merci.
À mon équipage, si merveilleux.
À Pen Duick VI, *mon seigneur.*
À tout ceux qui ont rendu cette aventure
possible, merci…

1

La victoire en déchantant

11 avril 2024. Dans la nuit.

Pen Duick VI entre dans le Solent, comme un papillon de nuit, sans faire de bruit. Le projecteur de pont éclaire les voiles blanches. Entre l'île de Wight et la côte sud de l'Angleterre, sous grand yankee tangonné, à plus de 11 ou 12 nœuds, et dans une nuit très noire, nous allons franchir en vainqueurs la ligne d'arrivée, après huit mois de course autour du monde en équipage et cent quarante-cinq jours de mer.

J'appelle les *coast guards* du Solent à la VHF. « Bonjour, nous venons de gagner une course autour du monde, pouvons-nous avoir l'autorisation de célébrer notre victoire en allumant les feux à mains ? — Nous sommes désolés, madame : une personne est portée disparue, nous vous félicitons, mais les secours sont enclenchés. »

La nouvelle agit sur nous tous comme une douche froide. Il fait nuit et froid, pauvre homme.

Sur l'eau, il n'y a personne pour nous accueillir. Ah si, un Zodiac ! Dedans, mon ami photographe Guillaume Plisson, probablement dépêché par *Paris Match* pour immortaliser notre arrivée.

Un deuxième semi-rigide arrive, celui de l'organisateur. Sinon personne. L'organisation n'a rien préparé, prévenu personne. À bord, nous savions tous évidemment que ce ne serait pas une arrivée type Vendée Globe, avec des centaines de bateaux sur l'eau et des milliers de personnes sur les rives. Mais quand même. Le moment manque sérieusement de joie…

Grâce à son équipage, *Pen Duick VI* s'impose enfin sur la plus haute marche du podium dans cette course autour du monde courue à l'ancienne, dans les mêmes conditions que celle pour laquelle ce bateau fut construit il y a cinquante ans : la fameuse Whitbread 73.

Cela fait un moment que nous sommes en tête sur cette quatrième et dernière manche, *L'Esprit d'équipe* est à plus de deux jours derrière nous. Sauf événement majeur, rien ne nous sépare de cette victoire d'étape, et donc de la première place au classement en temps réel. Objectif atteint !

Pourtant, même après un tour du monde, même victorieuse, une arrivée n'est pas toujours la fête qu'on imagine. Pas de coup de sifflet final, pas de sentiment de délivrance ni effusion de joie.

Nous sommes tous fatigués, et sans personne avec qui faire la fête, aucun de nous n'a envie de lâcher les chevaux. Il y a bien quelques verres qui vont tourner, mais nul sentiment de libération, nulle célébration. Nous voulons juste dormir, enfin.

Le lendemain, à Cowes, nous nous réveillons sous une pluie battante, dans un port désert. Bienvenue en Angleterre ! Ça change des autres escales. Nous allons attendre *L'Esprit d'équipe*, *Maiden* et *Spirit of Helsinki* mais ils n'arriveront pas avant quelques jours.

Quelle arrivée en eau de boudin, d'une tristesse absolue ! C'est beau l'Angleterre, vraiment charmant. Mais au mois d'avril, quand il pleut, qu'il n'y a personne et que les escales précédentes se sont déroulées sous le soleil au Cap, Auckland et Punta del Este, le choc est rude !

C'est très étrange de ne pas célébrer, de ne pas marquer le coup. Ça peut paraître anecdotique, mais en fait, c'est important de fêter chaque étape dans la réalisation d'un projet. Cela permet de passer un stade, d'avoir de la fierté pour le travail accompli, de se remercier, de remercier son entourage, de remercier la vie. De passer à autre chose. Alors nous organisons notre propre sas de décompression, avant de revenir à la réalité. Sur le convoyage retour, nous nous arrêtons à Ouessant. Nous mouillons dans la baie de Lampaul, avant d'aller nous faire un bon gueuleton à « La Duch' », grâce à son fameux ragoût sous motte. Ouessant est, de très loin, mon île préférée. Nous passons sous les huit faisceaux du phare du

Creac'h et allons nous balader sur la pointe de Pern : que c'est bon de retrouver ce joyau de Bretagne ! Nous sommes ensemble et profitons de *Pen Duick VI* en mode croisière un dernier instant.

À Lorient, le 20 avril, l'Association Éric Tabarly et la Cité de la Voile nous font un bel accueil : tous les *Pen Duick* viennent à la rencontre de *Pen Duick VI* tandis que le public est rassemblé sur les quais. Ce sont les premiers jours du printemps, la mer est belle, le ciel est bleu, de nombreux bateaux sont sur l'eau, et nous rentrons au bercail. Cela fait chaud au cœur. Nous savons qu'il va y avoir un vide, qu'il va falloir le combler et la peur du lendemain est bel et bien là.

Dans les semaines qui suivent notre retour, la France plonge en plein marasme politique avec les élections européennes puis la dissolution surprise de l'Assemblée nationale. L'ambiance est morose, nous sentons les gens à bout. Tous nous disent : « Ha, vous n'avez rien loupé ! On a eu un hiver catastrophique ! » Bon. On a connu mieux pour célébrer un retour chez soi !

Ce tour du monde en équipage a été dur, très dur. Aucun projet de course au large n'est facile, nous autres marins devons aussi être chef d'entreprise en plus d'être athlète de haut niveau, ce n'est pas de tout repos ! Ce n'est pas simple de rentrer d'un tour du monde, d'une si longue période dans un autre univers… Il y a le blues du voyage, le blues de l'équipage, la peur du vide post-projet :

le choc est brutal. Les retrouvailles avec nos familles sont là aussi un peu particulières ; on ne raconte pas une aventure si longue d'un bloc autour d'un dîner. Déjà, peu d'entre nous ont eu envie de raconter ce que nous avions vécu, nous préférons plutôt prendre des nouvelles de nos proches, les faire parler. Nous distillerons des anecdotes au fur et à mesure des conversations pendant des mois.

Nous avons vécu ce que l'humanité offre de plus beau, une bande d'êtres humains qui construisent ensemble leur aventure, et qui pendant huit mois – deux ans même si l'on compte les entraînements – vivent dans 9 mètres carrés, chacun remettant sa vie dans les mains des autres. Dans ce bel équipage, un brassage de générations, de milieux sociaux, de caractères, d'opinions, de nationalités ; il y a eu du dialogue, de l'écoute, de l'entraide, de la bienveillance, de la tolérance, de la joie, de l'humanité. Surtout, il y a de l'amour et une envie commune de bien faire, d'aller ensemble dans la même direction. Durant ces mois, nous avons tous évolué, changé, et heureusement !

Le retour n'en est que plus violent. Nous regardons la société avec un regard différent, et le décalage pique un peu.

Le métier de marin, c'est d'être absent. Et les absents ont toujours tort. Vous voyez la tête de votre boîte aux lettres quand vous revenez de vacances ? Imaginez après huit mois ! Il m'a fallu des mois pour remettre ma vie en ordre, comprendre la fatigue, analyser mes nouvelles réactions et tout ce que nous avons vécu. Nous sommes allés chercher tellement loin en nous-mêmes que nos corps et nos esprits nous jouent encore des tours, même quelques mois après notre retour. Pour cela, parler avec les autres marins qui ont vécu la course est d'une grande aide, le partage d'expérience du retour est très enrichissant, et le retour du tour du monde est un peu notre cinquième étape de la course.

Mais, pas une seule fois, pas une seule journée, nous oublions ce que nous avons fait : nous avons vu la beauté du monde, peut-être ce qu'il a de plus beau à nous offrir. Nous avons vécu avec cet équipage formidable un véritable rêve éveillé. Grâce à eux, nous avons embarqué dans notre sillage tant de personnes qui, j'espère, ont pu rêver par procuration. Et comme tout commence par un rêve…

À notre retour, nous étions tous fatigués. Mais je crois que personne n'avait envie d'arrêter. Pour ma part, je n'étais fatiguée ni de mon équipage ni des bateaux concurrents, encore moins de naviguer à bord du *VI*. Si la planète était plus grande, et qu'il avait fallu encore une ou deux étapes pour rentrer, nous l'aurions tous fait avec plaisir. Mais avec une vraie période d'escale, cette fois-ci, six semaines avant de repartir, pas deux ou trois.

Je me souviens avoir vécu des moments de mer incroyables, notamment grâce à d'excellents compagnons de jeu comme *Translated 9*, *Spirit of Helsinki* ou encore *Maiden*. Je me souviens d'un long voyage, de la chance d'arriver en Nouvelle-Zélande en bateau, d'avoir mérité cette île, et de l'avoir visitée avec d'autres marins vivant ce même tour du monde. Et si le voyage en solitaire a du charme, voyager avec d'autres s'est avéré encore plus enrichissant : mes compagnons et concurrents m'apportent des regards, des idées que je n'aurais pas eus seule, une autre façon de voir le monde.

Et puis, il y a *Pen Duick VI*, mon gros Black Shark, ce bateau incroyable, mon seigneur qui est redevenu une bête de course. Il est beau comme une lumière de Bretagne après un grain, doux et brutal à la fois. Je pense que je n'avais même pas 1 an quand lui et moi nous sommes rencontrés pour la première fois. Jamais je n'aurais pensé en être un jour la capitaine, encore moins en course et autour du monde… Et si, il y a dix ans, on m'avait dit que nous franchirions le Horn ensemble, en tête d'une course autour du monde… Tout cela n'était pas censé arriver. C'est aussi pour cela que la vie est belle !

Alors cette joie profonde, je suis allée la rechercher, la retrouver en moi, pour vous la transmettre, pour vous raconter cette incroyable aventure maritime longue de deux ans, accomplie avec un équipage de vingt-deux personnes au total. En égrenant les images, les souvenirs, en revivant cette Ocean Globe Race (OGR) grâce à mes journaux et messages de bord, du jour où le projet a germé en 2020, jusqu'à notre arrivée en avril 2024 en passant par la sélection de mon équipage en 2022, je veux retrouver et partager ces moments uniques, exceptionnels, comme ces journées où nous galopions dans 55 nœuds de vent et où malgré l'intensité et le sérieux des conditions, la joie et le sentiment de vivre un moment unique se lisaient sur les visages de tous. Et quand, en plus, on voit des dauphins qui sautent dans des vagues de 8 mètres, le tout en arrivant au cap Horn dans les fascinantes lumières du Sud… Alors on remercie la vie, on est empli de gratitude et on sourit. Même si on a froid, que l'on est fatigué et que l'on a un peu peur !

À la Pachamama…

2

Ocean Globe Race ou le retour de la Whitbread 73

La Trinité-sur-Mer (Morbihan), août 2020.

Pen Duick VI est pour quelques jours amarré au ponton du môle Caradec. Depuis quelques années, ce bateau est devenu mon laboratoire flottant. Grâce à l'association The Elemen'Terre Project fondée en 2018 et au sein de laquelle je développe plusieurs projets, nous voyageons en utilisant l'art et le sport pour véhiculer idées et messages, environnementaux ou sociétaux. Mais voyage et Covid ne sont pas compatibles et le virus a gommé les trois quarts de notre saison. Nous avons quand même réussi à mettre sur pied cette tournée en Bretagne sur les îles du Ponant.

Avec Catherine Chabaud, mon amie depuis toujours, l'une des premières femmes avec Isabelle Autissier à boucler le Vendée Globe, tour du monde en solitaire et sans escale, devenue députée européenne très engagée dans la sauvegarde des océans, nous partageons le même grain de folie. Nous avons voulu tisser un lien entre nos deux associations : Ocean As Common (pour que les océans soient reconnus bien commun de l'humanité) et The Elemen'Terre Project, en proposant à un funambule de marcher entre nos deux bateaux, *Le Cigare Rouge* et *Pen Duick VI*. *Cigare* est l'ancien bateau de Jean-Luc Van Den Heede, avec lequel il a fini deuxième du Vendée Globe 1992-1993. Catherine a fait grâce à lui son premier Globe en terminant à une remarquable sixième place du Vendée 1996-1997. Puis Karen Leibovici – grâce à qui j'ai fait ma première transat à l'âge de 19 ans – a bouclé avec lui le tour en 2004-2005.

Une fois ces deux légendes de la course au large sous voiles, le funambule traverse une ligne de 20 mètres tirée entre elles, entre le rouge et le noir. De la performance, de la poésie, et surtout un grand plaisir à mettre en lumière une cause, celle des océans…

De retour au port, un homme m'attend sur le quai. Élégant, visage avenant, petit sourire en coin, cheveux blancs, bien ancré sur ses pieds, les mains dans les poches, il attend que je finisse ma manœuvre de port. Derrière lui un grand Swan 651, très joli bateau de course-croisière. Il se présente : Dominique Dubois, ex-patron des chantiers Multiplast, où naissent bon nombre des multicoques tour-du-mondistes et autres bateaux de course. Je ne le connais pas mais je sens que c'est un homme qui marche à l'affect et pour qui les copains sont importants. Il me présente son bateau, qui porte le nom de *Futuro*. Un beau bateau, qui doit probablement aller vite. Dominique a l'œil qui brille : ce bateau est son rêve. Il vient de vendre Multiplast pour participer à la nouvelle course, celle dont on ne parle qu'à demi-mot : l'Ocean Globe Race. Le rêve de sa vie. En construisant des bateaux de course, il a permis à tout un tas de marins d'aller dans les mers du Sud. Il est grand temps qu'il y aille à son tour !

En un quart de seconde, je comprends qu'il a une idée derrière la tête, et que je vais être dans le pétrin. « Marie, cette course est taillée pour *Pen Duick VI* et toi. Nous allons repartir dans les conditions des trois premières Whitbread, avec les mêmes bateaux et sur le même parcours. Tu devrais inscrire *Pen Duick VI*, qu'il prenne sa revanche ! » Jusque-là, je n'ai que très peu entendu parler de cette course. Quelques échos, mais nous étions plus dans la légende urbaine que la réalité.

Ma réponse est rapide : hors de question ! Je n'ai pas du tout envie que l'on me compare à mon père qui a couru ce tour du monde en équipage et avec escales en 1973, pas du tout envie de prendre le risque de perdre mon cher *Pen Duick VI* et, pire, je suis terrifiée à l'idée de perdre un équipier.

Depuis toute petite, je vois des équipages partir autour du monde, j'ai été biberonnée à la Whitbread, au Trophée Jules-Verne et au Vendée Globe. Je connais le travail que cela demande, les sacrifices qu'il faut faire pour que l'idée prenne vie, et mieux encore pour qu'elle soit bien réalisée. J'ai conscience des difficultés et des risques. Surtout, je sais que lorsque ça se passe mal et que la mort vient s'inviter dans l'histoire, on ne s'en remet pas toujours…

Je tourne les talons et retrouve mon bord. Mais Dominique a bel et bien réussi à planter une graine dans ma tête.

Il paraît que si les rêves ne vous font pas peur, c'est qu'ils ne sont pas assez grands. Bon, c'est déjà ça, l'idée me fait peur. Mais cette idée est-elle un rêve ? Un rêve à moi et pas un rêve que les autres ont pour moi ? Il est vrai que l'histoire serait belle…

Il y a déjà eu de nombreux projets de course rétro, des organisateurs voulant recréer les conditions des épreuves « comme à l'époque », mais devant un financement compliqué et une place dans les médias impossible à conquérir, face à des mastodontes comme le Vendée Globe ou la Volvo Ocean Race, tous se sont cassé les dents. J'ai vaguement entendu parler de ce projet, une réédition de la Whitbread pour le cinquantenaire de cette course à l'ancienne. Un tour du monde en équipage et avec escales, réalisé uniquement au sextant, sans bulletins météo ni technologies numériques. Mais nous sommes fin 2020, la pandémie de Covid rend l'avenir incertain, et le financement de tout grand projet sportif compliqué. Cette course a-t-elle un avenir ?

Pourtant, je dois me rendre à l'évidence, j'y pense. Et si j'avais vraiment envie de la faire ?

Je suis une impulsive. Quand j'ai une idée dans la tête, elle n'est pas dans mes pieds, d'où mon surnom de gamine : Idéfix.

Plus je trouve des raisons pour ne pas faire cette course, plus je trouve d'arguments contraires.

En quelques instants, un tsunami de questions envahit ma tête.

« *Pen Duick VI* est trop vieux. »

Pen Duick VI a 50 ans et il n'a jamais cessé de naviguer. Il est en parfait état, je le soigne depuis quelques années. Chaque année, j'investis dans le bateau et une belle cure de jouvence lui est offerte. La base étant saine, nous savons exactement quoi faire pour le préparer à un tour du monde. Bien sûr, même s'il est en bon état général, il y a une différence entre un bateau qui navigue au large et un bateau prêt à faire le tour du monde. Toutefois, vu les 80 nœuds essuyés à notre retour d'Islande en 2018, le bateau va bien et se défend avec toujours autant de brio dans des conditions lourdes. Et puis… *Pen Duick VI* a été spécialement dessiné pour la Whitbread 73 par André Mauric, à la demande de mon père.

« Je n'ai pas de financement. »

Il est vrai que cette année 2020 n'est pas idéale pour trouver des financements ! Les premiers budgets coupés dans les entreprises sont ceux destinés à la communication : toutes les expéditions et grands projets sportifs ont bu la tasse cette année. Mais il reste trois hivers et trois printemps avant le départ. Et puis, j'ai de l'expérience dans la recherche de budget, et en jetant quelques chiffres à la volée sur un bout de papier, je réalise que les sommes ne sont pas si délirantes que ça.

« Je suis encore jeune capitaine, je ne suis jamais allée dans le Sud, je n'ai pas le niveau… Maman j'ai peur ! »

Eh bien ma grande, tu vas apprendre ! L'avantage en bateau à voile, et comme souvent dans la vie, c'est que les premiers jours vous forment à ce que vous allez encaisser par la suite. Ce sont les jours 1, 2, 3 et 4 qui vous préparent au jour 5. Vous ne passez pas du jour 1 au 5 en une seule nuit. Et puis, si tu n'es jamais allée dans le Sud, il faudra bien une première fois !

« Oui mais… Et si je perds quelqu'un ? »

Ah, ça… Il n'y a rien qui forme à cela. Ce drame, je l'ai vécu, bien avant la mort de mon père. Nous étions à bord de *Pen Duick*, je devais avoir 9 ans à peine… Nous étions en croisière au large des îles Anglo-Normandes. Je me souviens de tout. De l'amure sur laquelle nous étions, du jeu de voiles du bateau, de la chape de plomb qui, instantanément, a envahi le bateau. Je me souviens du visage de sa femme, de son regard perdu, terrifié, de son incompréhension face à ce moment irréel. Je me souviens de sa douleur… Du silence de la navigation vers le port le plus proche, avec notre ami, mort, gisant sur la voûte du bateau.

Je n'ai jamais parlé de la mort avec mes parents, la mort fait partie de la vie, c'est quelque chose de naturel. Ce risque fait partie du métier, de ce choix de vie. Je n'ai jamais ressenti d'inquiétude quand mon père partait, ne lui en ai jamais voulu de ne pas être revenu. C'est comme ça, alors à quoi bon en parler.

Seulement là, c'est différent. C'est moi qui serais capitaine et donc responsable. Cette course se court avec des équipages composés de 30 % de professionnels et 70 % d'amateurs. Commander des amateurs, ce n'est pas comme commander des pros. Les amateurs apprennent ; nous sommes alors doublement responsables.

Des questions, des excuses pour ne pas y aller, j'en trouve un tas. Le problème est que je trouve plutôt sain d'avoir peur : nous ne sommes pas en train d'envisager de signer pour aller faire un Lorient-Groix au mois d'août ! Mon cerveau mouline à plein régime. Il est grand temps de s'arrêter, de s'écouter. Car au fond de mes tripes et dans mon cœur, je sens que ça va bien se passer. Je ne sais pas pourquoi mais je sais qu'il n'y a aucune raison pour que je n'y arrive pas. Si d'autres l'ont fait, je peux le faire.

Surtout, je commence à admettre que j'en ai sérieusement envie.

Quelques jours plus tard, quand je croise de nouveau Dominique, je suis encore dans le déni : « Oui, je vous accompagnerai probablement sur la première étape, jusqu'au Cap, histoire de marquer le coup pour l'anniversaire du bateau… » Lui ne dit rien mais je devine à son sourire qu'il n'y croit pas une seule seconde. Même moi je ne crois pas à ce que je viens de dire !

Alors une nuit, j'envoie un mail à l'organisation de course, disant qu'un gros Black Shark aimerait avoir plus d'information et recevoir les instructions de course de l'Ocean Globe Race… par simple curiosité évidemment.

Trente minutes plus tard, réponse de Don McIntyre, l'Australien organisateur de l'Ocean Globe Race : « *We would love to have a big black shark around the world, here are the sailing instructions.* » Nous sommes en octobre 2020, et dans ma tête *Pen Duick VI* est inscrit à sa quatrième course autour du monde en équipage et avec escales. Mais je ne l'annoncerai publiquement que lors de la conférence de presse de l'Ocean Globe Race en juillet 2021.

3

L'appel de *Pen Duick VI*

Un jour, mon père a dit que l'homme avait besoin de passion pour exister. Il aurait pu au passage donner le mode d'emploi pour ceux qui ont deux passions. De surcroît quand ces deux passions sont ultra chronophages, coûtent un bras et ne rapportent pas un kopeck.

Jusqu'à présent, ma vie a été tiraillée entre deux mondes qui ne peuvent pas cohabiter : celui des chevaux et celui des bateaux.

Je rencontre mon premier cheval à l'âge de 3 ans et demi, au poney club de mon village. Mon père est parti en mer, je déprime sec, alors ma mère, voulant me changer les idées, m'emmène un matin aux écuries du Reden, à Gouesnach (Finistère). Je fais la connaissance de Jupiter, étalon shetland, et malgré ses 80 centimètres au garrot, je le vois comme Bucéphale. Une révélation. De retour à la maison pour le déjeuner, ma mère est contrainte de me faire manger sur le pas de la porte en me tenant un bras pour ne pas que je remonte dans la voiture. Je ne pense qu'à une chose : retourner voir Jupiter *aka* Bucéphale. Lucide, le responsable du club, l'impressionnant monsieur Grall, dit à ma mère : « Je suis désolé pour vous, madame, c'est foutu ! »

Toute la première partie de ma vie est donc consacrée aux chevaux, une passion virant à l'obsession. Bien sûr, si je veux passer un peu de temps avec mon père, je dois l'accompagner sur des bateaux tous plus grands les uns que les autres. Bateau pendant les vacances, bateau avec les amis, bateau à la maison, du bateau il y en a partout, la mer est omniprésente. C'est pour moi normal, la mer fait partie de notre vie. Et puis j'aime ça, cette vie de vagabond, tendance va-nu-pieds. C'est un style de vie que je trouve naturel, facile ; la vie en bateau fait partie de moi, je ne me pose même pas la question.

Seulement gamine, rien ne m'intéresse plus que les chevaux. Dès que les vacances arrivent, je me débrouille pour partir dans des écuries. Le *woofing* n'existe pas encore mais c'est pourtant ce que je fais grâce à un *deal* assez simple : je demande à être logée, et je travaille aux écuries. Grâce à ça, j'ai pu aller dans bon nombre d'écuries de niveaux et fonctionnements différents, et ainsi monter beaucoup de chevaux aux physiques disgracieux.

C'est en grande partie grâce à ceux-là que l'on apprend : bien former un cheval pas gâté par la nature apprend à trouver des solutions.

L'appel de Pen Duick VI

Mon parcours nautique est très différent de celui des marins issus du sérail de la course au large. La plupart commencent en école de voile, puis se forment sur le fameux circuit Figaro ou en Mini 6.50. Deux solides écoles. Je n'ai réalisé que tardivement que l'absence de cette formation était un manque dans mon cursus. Je n'ai jamais fait de petit bateau, ni de voile légère. En revanche, j'ai très vite navigué sur de belles machines, très variées, d'époques différentes, mais jamais en imaginant en faire mon métier. Adolescente, je ne déploie pas la même curiosité, la même abnégation pour la voile et les bateaux que pour l'étude des chevaux… Je navigue quand même beaucoup, et malgré ce parcours maritime chaotique, j'arrive finalement à parler le même langage que les autres marins.

Je passe mon bac, un peu par miracle. À cette époque, je ne sais pas bien ce que je veux faire dans la vie, j'ai plein d'idées mais rien qui m'attire réellement. Surtout, je ne vois pas quel métier je veux faire dans le monde du cheval, aucune évidence. La grosse carotte, juste avant le bac, est que si je l'obtiens du premier coup (à l'époque nous pouvions passer par les rattrapages), je pourrai aller rejoindre *Geronimo*, le trimaran d'Olivier de Kersauson, et faire un convoyage avec lui.

Le diplôme en poche, je saute dans le premier train et retrouve le trimaran gris, à l'époque le plus grand du monde.

Kersau est là, adossé au flotteur bâbord, la clope à la main, son jean trop grand, la tête baissée, en train de marmonner. Il lève la tête. Comme chaque fois, je me liquéfie sous le regard de ses yeux bleus perçants et il me dit :

— Bah tu vois, avant je croyais en l'éducation, pas au miracle. Maintenant… Bon. Embarque. On part dans quarante-cinq minutes.

Je m'égare ensuite dans une tentative d'études, je me voyais dans l'organisation d'événements nautiques. Je commence donc un BTS, mais au bout de quatre mois seulement, je réalise que je me trouve tous les jours à la même heure au même endroit, dans cette cage d'escalier sordide… Impossible ! Il me faut de l'action, je change de vie en vingt-quatre heures et entame quelques difficiles mais belles années dans le monde de la voile, et des chevaux dès que je suis à terre.

À l'époque, je suis pleine de colère, toujours en révolte, tellement pas à l'aise avec les humains…

J'ai la chance de signer au sein du team Banque Populaire et de rencontrer Anne Combier et Lalou Roucayrol qui tentent de mettre en place une structure de formation sur mesure via le *Figaro II*, le trimaran Orma et les équipes qui les entourent.

Puis j'embarque avec Olivier à bord de *Geronimo* pour préparer le trimaran en vue de l'Oryx Cup, un tour du monde au départ du Qatar, mais la course me passe sous le nez à cause d'une violente blessure à la cheville à trois jours du départ de Brest pour Doha. J'atterris en centre de rééducation à Capbreton, et c'est Pierre Agnès, à l'époque directeur Europe de Quiksilver, qui vient à ma rencontre, et me fait rejoindre le Roxy Sailing Team. Une chouette période…

Mais je ne suis pas prête à être exposée, mes blessures sont ouvertes, je ne supporte pas que l'on me regarde. La pression du nom Tabarly est à l'époque trop grande, j'ai l'impression d'être observée comme une bête de foire. Je ne suis pas alignée, je manque d'assurance, de confiance en moi. Mal à l'aise dès que je suis avec quelqu'un, je ne peux pas m'exprimer correctement, je ne peux pas progresser dans ce milieu. Surtout, il y a cette colère, cette violence qui ne demandent qu'à sortir, que je n'arrive pas à comprendre, ni à canaliser. J'ai grandi devant les caméras – heureusement avant les réseaux sociaux – mais cela a suffi pour que je me sente observée, épiée, critiquée, jugée, en permanence. L'agressivité que je ressentais, je la renvoyais probablement encore plus fortement. Derrière l'agressivité, il y a quasiment toujours de la souffrance, et comme la meilleure défense c'est l'attaque, je mords à la moindre occasion. En repensant à cette période, je me vois en apnée, probablement même que je ne respirais pas.

Les chevaux, eux, m'apaisent. Depuis toujours, je me sens bien auprès d'eux, seulement je ne vois pas par quel moyen je peux construire un avenir avec eux. Nous sommes en 2005, ce sont les tout débuts de ce que l'on appellera par la suite l'équitation éthologique. Une brochure du Haras de la Cense, premier centre de formation en équitation éthologique en France, me tombe sous le nez, avec écrit en gros : « Partez un an au Montana travailler des jeunes chevaux. » Je ne vois rien d'autre. Je passe les sélections pour entrer dans cette école sans même savoir quels débouchés ou diplômes j'obtiendrai. Le Montana, les grands espaces, la liberté, le rêve. Dès lors, ma vie rebascule pour de longues années auprès des chevaux, même si la mer n'est jamais bien loin. C'est en cela que la Bretagne est une terre qui me correspond bien : nous pouvons passer de la campagne à la mer et de la mer à la campagne en un rien de temps. Certains jours, je peux même relier les deux mondes, le temps d'un instant parfait, un jour d'hiver, ce genre de journée où l'air est frais, l'atmosphère claire et vivifiante, le temps suspendu. Dès que la marée est basse, je pars à cheval sur la plage de la Torche, le plus souvent pieds nus, à cru, et mon beau Spring Loaded sans mors, sans licol, sans rien. Nous avons l'immensité de la plage et de l'horizon pour nous ; il n'y a que lui, ma chienne et moi ; on respire, dans le moment présent.

Pendant toutes ces années auprès des chevaux, je garde pourtant un pied sur les pontons, notamment grâce au 15 mètres Jauge Internationale

Mariska. Je reçois le planning du bateau en début d'année, et j'organise celui des chevaux que l'on me confie au travail en fonction des régates. Je ne prends jamais de vacances, naviguer sur ce beau bateau est ma bouffée d'oxygène. Mes congés payés en quelque sorte. Physiquement, je suis encore à l'âge où je peux me le permettre, mais ça tire quand même. À terre, je suis spécialisée dans l'éducation et la rééducation des chevaux à problèmes. Quand on travaille avec des bestioles de plus de 550 kilos, mal dans leur peau, mieux vaut être agile et alerte. Pour naviguer aussi, surtout sur ce genre de bateaux très « gitards », sans filière, et où l'on se balade sur un bout-dehors long de 6 mètres, tout en portant des sacs à voiles, les pieds ne reposant que sur des câbles, sans sécurité.

Seulement, naviguer sur *Mariska* n'offre que des régates à la journée. Nous nous retrouvons chaque fois pour une semaine composée de trois jours d'entraînements, plus trois à quatre jours de régates. Deux à trois manches de parcours « banane » (c'est-à-dire en forme de triangle) par jour, deux tours par manche. On termine chaque soir épuisé. Le lendemain, il faut remettre ça et gagner.

Je vis huit magnifiques années de championnats, de régates sur le plan d'eau méditerranéen, en compagnie des plus beaux bateaux en bois du monde, huit années de rencontres, et d'expériences très formatrices. Mais le large me manque. Je suis faite pour tailler du mille, aller tout droit et vivre en mer.

D'année en année, j'améliore aussi et peaufine ma technique équestre. Cependant, à force de voir arriver des chevaux le plus souvent abîmés par l'humain – le cheval ne naît pas avec des problèmes –, je sens que je commence à retomber dans la colère. Il y a certaines choses en moi que je n'ai pas résolues, il me faut de nouvelles expériences, différentes, pour ensuite pouvoir revenir à mes chevaux. Alors, un jour, je rebascule à nouveau, j'entame un nouveau cycle, les bateaux en tête, mais les chevaux jamais très loin derrière.

Cela fait un moment que *Pen Duick VI* m'appelle et que je reste sourde. En 2016, bien que j'aie entamé un tour du monde équestre à la recherche d'enseignements de grands maîtres écuyers, je plaque tout et me mets en marche pour respecter la promesse faite au *VI* lors de mes 30 ans : le refaire naviguer autour du monde.

L'association The Elemen'Terre Project est fondée avec, en navire amiral, *Pen Duick VI*. L'idée est de voyager grâce à l'art et au sport, de mettre en lien des personnes qui n'ont pas vocation à se rencontrer. Le *VI* devient un « *think tank* flottant », une résidence itinérante, un lieu de rencontres, de réflexion et de partage pour l'élaboration d'un mieux-être commun. À chacune de nos escales, une thématique est définie, puis des personnalités inspirantes de tous horizons, pouvant nous apporter de nouvelles perspectives, sont invitées.

L'association organise des expéditions, des spectacles, des tables rondes, réalise des documentaires autoproduits et mis à disposition en ligne.

Je vis l'hiver 2020-2021 comme une période de transition, post-Covid et pré « que va-t-il nous arriver maintenant ? ». Avec tout à la fois une furieuse envie de vivre, mais aussi la méfiance du chat qui marche le long d'une baignoire, et en tête l'Ocean Globe Race avec *Pen Duick VI*. Préparer un tour du monde est une longue aventure, qui commence par la recherche de fonds et la pose des bases du projet. Ce travail est très long. L'image du marin qui passe 80 % de son temps en mer relève du doux rêve. Naviguer n'est que la récompense de mois et d'années de travail passés derrière un écran d'ordinateur, pendu au téléphone. Il reste trente-quatre mois avant le grand départ. Trente-quatre mois pour écrire le projet, réunir les partenaires, construire, sélectionner, entraîner et fédérer un équipage, préparer le bateau, penser à tous les détails de l'organisation.

Sans oublier de naviguer, de me préparer physiquement et mentalement, de me former à la navigation à l'ancienne, et de naviguer encore.

L'avantage de ne pas être carriériste, c'est aussi de se laisser porter par les surprises de la vie.

Comme cette Transat Jacques-Vabre [1] qui va s'inviter dans mon programme, comme ces deux folles histoires d'hommes – Clément Giraud et Louis Duc – et de bateaux – de *Fortil* à *Kostum-Lantana Paysage* –, de gentillesse et de solidarité.

Clément et moi avons navigué des années ensemble à bord de *Mariska*. « Faire l'avant » avec lui était un vrai plaisir, mais surtout une grande chance car il compte parmi les meilleurs de sa génération. En 2019, il m'a proposé d'être la marraine de son projet Vendée Globe 2020 et j'ai accepté avec plaisir ; c'était l'occasion de faire de jolis runs à bord de *Fortil. Fortil* fait partie de ces bateaux avec lesquels, instantanément, on se sent comme avec un bon copain. C'est un peu le même sentiment que lorsque l'on rencontre une personne. On sent si cette personne est saine, sans embrouille… ou non. Seulement, en octobre, à quelques jours du départ de la Transat Jacques-Vabre 2019, la dernière course transatlantique préparatoire au Vendée Globe, *Fortil* prend feu dans le port du Havre.

Un truc tout bête, une batterie de frontale qui charge sur un port USB dans le bateau, l'un ou l'autre est défectueux, le bateau brûle… Tout va très vite. Clément vient de débarquer du bateau, il est en train de quitter les pontons quand il voit les

1. Le Havre – la Martinique via les îles Fernando de Noronha.

pompiers courir à contresens. Il est déjà trop tard, et même si la coque n'est pas très atteinte, les dégâts sont trop importants pour espérer courir le Vendée Globe 2020. Le bateau est déclaré bon pour la casse par les assurances. Le rêve de Clément s'écroule.

Là où son histoire devient complètement folle et me fait vibrer, c'est que Clément courra quand même et finira ce Vendée Globe 2020, grâce à l'improbable proposition d'Erik Nigon, qui lui dit : « Moi j'ai un bateau, je n'ai pas le budget, alors le premier de nous deux qui trouve le financement prend le bateau pour la course. » Deal. Clément est le premier à trouver le budget et il franchit la ligne de départ en novembre 2020 dans une France confinée. Quatre-vingt-dix-neuf jours plus tard, il est *finisher* du Vendée Globe. Un bel exemple de ténacité.

L'histoire de *Fortil* n'est pas terminée, elle se poursuit avec Louis Duc, qui a racheté l'épave fin 2020. Il doit maintenant tout démonter et reconstruire. C'est simple, il n'a même pas besoin de se baisser sous la casquette pour entrer dans le bateau : il n'y a plus de casquette, intérieur et extérieur se confondent, le bateau est en pièces détachées avec un gros trou au milieu.

Fortil était un bon copain, Louis est un ami. Il est en recherche de partenaires pour mener à bien son projet. Alors, comme de mon côté j'ai un solide fichier de partenaires potentiels et que nous ne chassons pas les mêmes budgets, je lui passe un coup de fil en février 2021 pour lui dire que j'ai quelques numéros de téléphone à lui donner s'il en a besoin.

Ce n'est qu'à la fin de la conversation que je trouve le courage de dire que si jamais il fait la Transat Jacques-Vabre, j'aimerais beaucoup faire le retour avec lui. Je n'ai encore jamais fait de transat en Imoca, la catégorie reine des monocoques de course, ce serait une expérience très enrichissante pour moi.

— Ah non, désolé, vu les travaux que nous allons avoir à faire, nous ne serons jamais prêts à temps.

— Oui, évidemment, je n'avais pas bien réalisé…

Tant pis, je vais lancer d'autres graines ailleurs.

Le lendemain, coup de fil de Louis :

— Bon alors, j'ai bien réfléchi. Si on trouve 300 000 euros d'ici le mois de mai et que le chantier ne prend pas de retard, c'est jouable de faire la Jacques-Vabre. Mais ça ne te dirait pas de faire la course avec moi plutôt que faire la transat retour ?

Comment ne pas hurler un grand « oui » ?

Voici comment, début 2021, je me retrouve en double recherche de budget, l'un pour l'Ocean Globe Race 2023 et l'autre pour la Transat Jacques-Vabre 2021. Mais il y a des projets pour lesquels toutes les étoiles s'alignent… et ce projet avec P'tit Louis s'avère un rêve, du début à la fin. Nous nous sommes motivés l'un l'autre pour trouver des partenaires, et, finalement, nous apportons chacun un nouveau soutien majeur à l'affaire. C'est agréable de gagner ainsi un peu plus sa place à bord. Surtout, c'est une chance de pouvoir observer de l'intérieur la création d'une histoire Vendée Globe, et d'accompagner un ami dans l'accomplissement de son rêve. Et puis, j'ai prévu de m'entraîner au sextant sur cette transat. Car dans deux ans, *Pen Duick VI* et moi partirons pour l'OGR, dans les conditions de la première Whitbread, soit sans satellite, sans GPS, sans ordinateurs, sans routage ni carto, et sans moyens de communication moderne. Après avoir suivi un stage très instructif avec Philippe de Navastro puis pratiqué lors de la Fastnet et de quelques navigations avec l'Imoca, le moment est donc venu d'embarquer mon sextant sur la Jacques-Vabre.

Notre beau phénix s'appelle *Kostum-Lantana Paysage* et il est mis à l'eau le 25 août 2021. Dès lors, tout s'emballe. Première navigation de nuit dès la première sortie en mer. Nous partons sur les 1 000 milles de qualification dès la deuxième navigation. Essuyons 50 nœuds lors de la troisième sortie pour relier Cherbourg à Lorient, et prenons le départ de la Transat Jacques-Vabre lors de la sixième.

Un mois de bonheur en mer. La transat en double, c'est tous les avantages du solitaire et ceux de l'équipage. Ou encore tous les avantages du célibat, et ceux de la vie de couple ! Ce genre de bateau se gère bien en solo quand tout va bien. Mais quand une galère arrive, par définition elle n'arrive jamais seule et là… Les forces en jeu, le poids, les charges sont tellement importantes que ça devient vite la guerre. Perso, j'ai bien ouvert les yeux et les oreilles et profité de l'expérience de Louis Duc.

4

Équipage de guerriers, mode de fabrication

À peine rentrée de la Jacques-Vabre, il est temps de lancer la campagne de recrutement et dès lors, nous allons être sur l'eau, H24. Pendant deux ans, *Pen Duick VI* sera ma maison. La Fastnet, choisie pour commencer sa préparation en 2021, m'a servie de mètre étalon pour découvrir mon rythme en course, et élaborer la saison 2022. Le départ s'était fait dans un temps de sanglier, 35 nœuds sur la ligne dans le Solent, entre Southampton et l'île de Wight. Quatre cents voiliers sur l'eau : tout était parfait pour casser du bateau ! J'avais décidé de prendre un départ en sécurité, en deuxième rideau : quand vous êtes à la barre d'un bateau en aluminium de 34 tonnes et que les autres sont en composite, inutile de jouer des coudes !

Pen Duick VI a toujours été un navire-école. École de course au large, école de la vie, école de croisière : en fonction des époques et des marins, chacun trouve toujours à bord une expérience à sa mesure. Je pense que les personnes qui n'ont pas été marquées par ce bateau se comptent sur les doigts d'une main. En 1973, rares encore étaient les équipiers marins professionnels. Le monde de la course au large n'en était qu'à ses débuts, on parlait alors plus de course-croisière que de course océanique. Les sponsors n'existaient pas, les équipements restaient très sommaires. Partir autour du monde représentait une vraie aventure, avec beaucoup d'inconnues. Si 98 % des marins étaient des hommes, quasiment personne n'était payé. Certains, comme Olivier de Kersauson, vendaient des photos aux magazines ; d'autres travaillaient lors des escales pour toucher un peu d'argent et le reverser aussitôt dans leur bateau.

Le règlement de l'Ocean Globe Race 2023 nous impose d'avoir au minimum 70 % de l'équipage marin amateur, c'est-à-dire qui n'a jamais été payé pour naviguer en course. Impossible pour moi de rappeler les anciens, les copains, ou de faire un équipage type All Stars Game, et tant mieux car j'ai envie de repartir d'une page blanche, d'utiliser l'expérience acquise lors de mes dernières années de navigation en constituant entièrement un nouvel équipage. Beaucoup n'ont pas encore eu la chance de naviguer à bord du *VI*, la demande est grande, alors allons vers l'inconnu et voyons quel profil se présentera !

Mais comment faire la sélection, comment « lire » les candidats rapidement ? Je sais que j'ai besoin de voir les gens, de vivre quelque chose avec eux. Quelle que soit l'activité, j'aime partager un moment, en petit comité. Rencontrer des gens dans un bureau, enfermée entre quatre murs, très peu pour moi ! Pire encore, me retrouver dans les cocktails, forums, salons, manifestations où l'on doit parler, où l'on a l'obligation d'échanger, de faire bon effet, avec beaucoup de bruit et d'agitation… Je suis très mauvaise quand il faut engager une conversation, surtout artificiellement. Aucune place pour le silence, alors que moi j'aime parfois ne rien faire avec les gens, ne rien dire, j'aime ces moments où l'on peut partager un silence.

J'ai besoin de les voir, et de les voir s'exprimer. Voici, en bref, le message que je poste sur Facebook le 27 janvier 2022 :

« Oyez Oyez, ça y est, c'est le grand jour !

Pen Duick VI recherche son équipage… Peut-être vous ?

Pour prendre part à l'Ocean Globe Race 2023, *Pen Duick VI* partira avec un équipage de vingt et une personnes. La capitaine, trois chefs de quart et le (la) cook pour les professionnels. Il me restera donc seize places à bord pour embarquer des bénévoles et leur donner la chance de naviguer en course autour du monde. Vous ne serez pas rémunérés, mais le bateau prend tout en charge. Vous serez logés, nourris et repartirez avec une expérience maritime unique. En revanche, il faudra une implication totale, beaucoup de temps, de l'engagement et l'envie de faire au moins deux étapes sur les quatre.

Je précise qu'il est inscrit dans les IC que 70 % de l'équipage DOIT être bénévole. Inutile de venir négocier !

Je ne propose pas une place pour partir en vacances autour du monde. Avant de postuler, soyez bien sûrs de réaliser l'aventure dans laquelle vous allez vous embarquer : vivre à douze personnes en espace réduit, huit mois de course, quatre étapes dont deux dans le Grand Sud, sans satellite, où nous avons 90 % de chances de nous retrouver au mauvais endroit, au mauvais moment. Les étapes vont être longues, le froid, l'humidité bien présents et quand vous serez fatigués, *Pen Duick VI* se fera un plaisir de vous rappeler que lui est toujours en pleine forme.

Profil : femme-homme, 18-50 ans.

Sérieuse condition physique. Manœuvrer en plage avant sur ce bateau, c'est de l'engagement.

Savoir vivre en groupe dans la bienveillance. Pour être claire, je préfère avoir un niveau maritime modeste et de grosses qualités humaines que naviguer avec des marins de haut niveau et avoir une ambiance individualiste. À bord, c'est l'humain avant tout.

Savoir naviguer au sextant peut être un sérieux plus ! Être bricoleur, voilier, mateloteur, cuisinier ou avoir un diplôme médical en poche sont aussi des atouts.

Les sélections se dérouleront lors de courses, il faudra participer à l'une de ces quatre courses :

Mai : Armen Race

Juin : Fife Regatta Écosse / Tour d'Irlande (RORC [1]) :

Juillet : Drheam Cup (RORC)

Août : Tour des îles Britanniques (RORC)

Pour postuler : CV, lettre de motivation et vidéo de présentation, deux minutes maximum disponible sur Youtube ou Vimeo à nous transmettre avant le 1er avril.

À vous de jouer ! »

Marie & *Pen Duick VI*

30 janvier.

Le déluge commence. Il ne s'arrêtera qu'au 1er avril, date de clôture des candidatures. Je reçois des dossiers de partout : France, Angleterre, Belgique, Espagne, États-Unis, Australie, Bali, Mexique, Jamaïque, Inde, Nouvelle-Zélande, République tchèque… Tous les jours, les mails affluent.

Une des conditions pour postuler est d'avoir entre 18 et 50 ans : 18 car embarquer des mineurs est légalement compliqué, 50 car il faut bien une limite. Bien sûr, on peut être un tocard à 35 ans et en parfaite condition physique à 55.

---

1. Royal Ocean Racing Club, une institution de la course au large.

J'ai beaucoup navigué à bord du *VI*, je sais ce que demande physiquement l'effort de la plage avant. À quel point ça peut être dur, long : la moindre manœuvre peut vite prendre 30-45 minutes.

(Pour la petite histoire, deux de mes Volon'Terre et un de mes pros auront plus de 50 ans.)

En deux mois de sélection, je reçois plus de trois cent quarante dossiers. Cent soixante-dix sont complets et donc étudiés.

Je classe tous les dossiers complets au fur et à mesure dans un tableau, avec l'âge, la nationalité, la profession, les diplômes, le lien vidéo et un premier avis. Certaines vidéos me transportent, d'autres sont plus expérimentales, dirons-nous… Les ingénieurs vont généralement préférer faire des vidéos face caméra. Deux minutes d'une traite, sans avoir le regard fuyant, et généralement sans faire de montage. Leur esprit est clair, leurs pensées sont précises, ils savent où ils vont. Les créatifs, eux, débordent d'imagination pour me faire voyager dans mon salon.

Mon tableau prend forme, se remplit avec plein de couleurs. Les « oui », les « non », les « peut-être ».

Il n'y a que seize places. Dix-huit si on pousse les murs. Mon idée est que chaque Volon'Terre puisse faire deux étapes. Je n'ai pas souhaité avoir le même équipage sur tout le tour du monde, d'une part car il est très difficile de trouver des personnes pouvant partir huit mois, d'autre part parce que toujours dans mon objectif de performer, je veux du sang neuf à chaque manche, avec les profils que demande chacune. Et puis, si j'en embarque seize au lieu de huit, je partage ce projet avec plus de monde.

Aucune section du tour du monde n'est plus ou moins facile qu'une autre. Elles sont toutes différentes, et toutes doivent être finies, de préférence en tête. L'Atlantique Nord est peut-être l'océan que l'on connaît le plus, mais pas le plus facile, encore moins au mois de mars, lors de notre retour. Il demande de la concentration et de la patience pour éviter les pièges du pot au noir. Sur les quatre étapes, mon équipage doit être composé de guerriers, aux qualités complémentaires.

Sur cent soixante-dix, j'en sélectionne soixante pour un entretien en visio. Arrive donc l'étape que je n'avais pas imaginée si difficile : devoir annoncer à cent dix candidats qu'ils ne sont pas retenus. Alors que nous ne nous sommes jamais rencontrés, pas même parlé, que nous n'avons pas navigué ensemble, je trouve difficile de leur dire que pour eux, le rêve s'arrête dès maintenant. Je n'ose imaginer les étapes suivantes de la sélection…

Soixante entretiens à mener. Deux amis me donnent un coup de main. La plupart du temps, la conversation est facile ; nous trouvons vite comment briser la glace de cette situation un peu malaisante. Les candidats sont un peu stressés et se parler via un écran n'est pas forcément facile.

Pour ma part, je suis pleine d'enthousiasme, pouvant enfin voir et rencontrer ceux dont les vidéos m'ont fait rêver.

Il y a quelques mauvaises surprises, alors que je misais beaucoup sur certains profils à partir de leur CV et de leurs vidéos, au bout de dix minutes de visio… je sens que ça va être dur de tenir quarante minutes !

Notre premier critère de sélection : avoir envie de passer du temps avec la personne. Je privilégie l'humain à la technique. La technique s'apprend. Être un bon être humain aussi, mais c'est beaucoup plus long ! Un beau bateau est un bateau qui avance vite. Un bon équipage, c'est un équipage où les marins vivent ensemble une telle expérience de camaraderie qu'ils sont capables de se transcender. Et la performance du bateau en découle.

En 2022, nous allons commencer par courir l'Armen Race, puis monter en Écosse pour assister à la Fife Regatta, convoyer le bateau en Irlande et courir le Tour d'Irlande, rentrer à Lorient, repartir à Cherbourg pour le départ de la Drheam Cup, et finir par le Tour des îles Britanniques. Une belle saison. Trente-huit places.

Me revoilà à devoir annoncer à vingt-deux personnes, cette fois-ci des personnes à qui j'ai parlé, que j'ai même souvent apprécié, que non, ce ne sera pas possible d'aller plus loin… Je m'imagine à leur place, l'excitation qu'une candidature procure, les rêves, l'appréhension.

5

Champagne, on navigue enfin !

Armen Race, mai 2022. Première course de la saison, premier équipage en sélection.

J'ai fait venir les candidats deux jours avant le départ de la course. Nous les entraînons rapidement à chaque poste, certains sont plus à l'aise à l'avant, d'autres derrière aux réglages. Ils sont tous un peu perdus à bord, mais c'est normal : *Pen Duick VI* est un grand bateau, d'une taille inhabituelle pour un amateur, il leur faut du temps pour apprivoiser la bête.

La magie du *VI* opère : alors qu'ils sont tous en compétition, aucun ne savonne le pont sous les pieds des autres, bien au contraire. Beaucoup d'entraide, beaucoup de bienveillance, beaucoup d'humour. Je ne me souviens plus trop du résultat de la course, nous n'avions pas de concurrent de notre âge ou taille, ce n'était pas la priorité. Le bateau a navigué proprement, nous avons pris du plaisir, lui aussi ; c'était un bon moment sur l'eau, c'est l'essentiel.

Avant que les candidats ne débarquent, je réunis mes deux chefs de quart pour proposer à chaque prétendant de pouvoir s'exprimer lors d'un débriefing individuel. Ils peuvent alors partager leur ressenti, s'ils ont été à l'aise ou pas, ce qu'ils ont trouvé facile, difficile, les surprises qu'ils ont eues, les modifications à apporter selon eux, etc.

De notre côté, nous leur donnons nos impressions en nous gardant bien de fournir des indices pour la suite. Ils sont le premier groupe, il en reste encore quatre. Nous sommes en mai et la sélection ne s'achèvera qu'en septembre, après le retour du Tour des îles Britanniques.

Fife Regatta, juin 2022. Deuxième groupe, deuxième voyage.

Cette fois-ci, pas de course. Après un convoyage express de quatre jours, avec des lumières incroyables, des levers de soleil à couper le souffle, du vent et encore du vent, nous partons rejoindre la grande migration des Plans Fife, en Écosse, dans un endroit magique : leur lieu de naissance. Depuis 1998, à intervalles plus ou moins réguliers, les plans Fife sont invités à engager une grande transhumance vers la Clyde, à Fairlie, où les William Fife ont dessiné et souvent construit ces merveilleux bateaux. Les Fife, c'est une dynastie de trois William, des centaines de plans dessinés, une précision unique, un génie inégalé, et des noms qui font rêver : *Cambria*, *Halloween*, *The Lady Anne*, *Tuiga*, *Hispania*, *Mariska*, *Mariquita*, *Eva*, Nan, *Altaïr*, *Kentra*, *Viola*, *Pen Duick*, *Sumurun*, *Moonbeam III* et *IV*, *Shamrock*, *Corona*, *Vanity* et tant d'autres... Fife, c'est à la fois un chantier, un dragon si le bateau est dessiné ET construit par Fife, une esthétique alliée à la performance. À force de voir ces classiques dans le Sud, on en oublie qu'ils ont été construits en Écosse, dans un climat et des lumières intenses. Les observer ici est un privilège. C'est ma première Fife, pas encore avec le premier *Pen Duick*, ça, ce sera j'espère dans quatre ans, mais le *VI* est un « classique chez les modernes ». Amoureuse de ces bateaux, et devant courir le Tour d'Irlande juste après, il m'était impossible de ne pas venir assister à cet événement. Alors j'ai sélectionné un équipage en conséquence, avec un charpentier de marine, des ingénieurs, et Anne, 22 ans, qui vient de finir l'école d'architecture navale de Southampton. J'avais une petite idée en tête : leur présenter William Collier, gardien du temple Fife, qui est en train de réunir tous les plans originaux de Fife (et aussi de Watson !), de les préserver et de les archiver. Grâce à lui, un patrimoine inestimable est en train d'être sauvegardé, et mes jeunes équipiers ont pu découvrir ces trésors. Car, oui bien sûr, il y a Fife, mais cette fabuleuse époque a aussi été celle des architectes Watson, Herreshoff, Oertz, Mylne.

Ce que j'ai tenté d'enseigner à mes marins, c'est l'esprit du classique. N'importe qui peut être propriétaire. En revanche, ce n'est pas donné à tout le monde d'être *yachtman*, gardien ou *keeper*. Le bateau classique est une grande famille. Depuis des dizaines d'années, nous sommes une famille, amoureux de ces beaux bateaux, petits ou grands, certains tenus par de riches propriétaires, d'autres non, et ça, honnêtement, on n'en a rien à faire. Chez nous, pas de clivage, pas de clans, juste des amoureux, au service de ces bateaux. Car il faut bien comprendre que nous ne sommes qu'une petite partie de la vie de ces bateaux. *Pen Duick* a été conçu par William Fife III [1] en 1898. Mon grand-père Guy Tabarly l'a racheté en 1938, et offert quatorze ans plus tard à mon père, amoureux de *Pen Duick* depuis l'enfance. Ma mère et moi tentons d'en être les gardiennes du mieux que nous pouvons, mais nous ne sommes qu'une petite partie de sa vie, et espérons qu'il la continuera bien après nous. Vous n'êtes pas propriétaire de vos enfants, mais gardien, *keeper* ou responsable. Choisissez le terme qui vous convient le mieux, tant que vous gardez l'esprit. Autant vous dire que « propriétaire » est proche de l'insulte pour moi.

1. Architecte naval écossais (1857-1944), aussi connu sous le nom de William Fife Jr., il faisait partie de la troisième génération d'une famille d'architectes navals et de constructeurs écossais.

Il y a des codes, des traditions dans cette famille, il y a du dialogue, de la solidarité, de l'échange. Il y a de l'élégance, de la discrétion, il y a de l'humour (beaucoup !). Il y a surtout un respect de l'histoire, du patrimoine, et beaucoup, beaucoup de travail. L'entretien de ces bateaux permet la préservation d'un savoir-faire, d'un artisanat d'exception. Nous sommes fiers de nos bateaux, heureux de les voir naviguer et encore plus de les faire découvrir aux marins du circuit plus moderne, qui, en général, sont assez surpris par le niveau technique et d'engagement physique que demandent ces belles machines. Il y a quelques listes d'équipages sur la Fife 2022 qui « envoient du lourd », comme on dit. Au bas mot, une dizaine de Trophées Jules-Verne quand même…

Ah mes *babies*… Ils n'aiment pas que je les appelle comme ça, mais ce groupe était si jeune ! Et qu'est-ce que nous avons ri… Nous avons vécu des moments de mer fabuleux. Je me souviens notamment de notre arrivée en Écosse : un lever de soleil incroyable qui dure indéfiniment, le ciel est rose feu, une température fraîche, un air sec. Nous sommes tribord amure, sous grand yankee, au près, entre 12 et 15 nœuds de vent, pas de mer et le bateau qui glisse… Il ne fait pas chaud. Une bonne partie de l'équipage est réunie au vent, sans un mot, à contempler ce moment qui ne s'arrête pas. La « boom boom box » (notre enceinte) est bien calée sur le rail devant le poste de barre, et tous les sons un peu planants défilent. *Bloodflow* de Grandbrothers, Massive Attack, Pink Floyd, *Easy* de Son Lux et bien sûr le *True Sorry* d'Ibrahim Maalouf… Le spectacle a duré deux bonnes heures avant que le jour ne s'établisse entièrement.

Comme je n'avais quasiment pas dormi de la nuit, je pensais regarder le lever de soleil rapidement et aller faire un petit somme avant l'entrée dans les fjords. Doublement raté : le lever de soleil dure donc des plombes et au moment où j'allais descendre, le vent a une tendance forcissante, on affale l'artimon. Mais nous sommes sous yankee 1, nous allons bientôt atteindre son haut de range. La mer se lève, un groupe s'affaire à prendre le premier ris grand-voile, tandis que d'autres sortent le yankee 2 sur le pont. À peine le temps de commencer à l'endrailler sous le yankee 1, l'anémomètre continue de grimper, on enchaîne directement sur le deuxième ris grand-voile, rentrons le yankee 2 en soute, et gréons le yankee 3. En gros, d'un lever de soleil de rêve nous sommes passés en mode sous-marin sur la plage avant, et après une grosse heure de manœuvre dans l'eau bien froide, j'ai pu aller me faire un café et ne pas dormir.

Personne encore ne le sait, mais quatre de ces marins feront partie de l'équipage final…

Tour d'Irlande, 24 juin 2022. Troisième groupe, troisième course.

Certains messages de bord sont plus difficiles à écrire que d'autres, mais quand on s'engage à raconter son aventure, on ne garde pas que les bons moments. Et puis, écrire aide aussi à relativiser : nous sommes en bonne santé, et tout ça, la vie, n'est qu'un grand jeu.

Après avoir vécu un joli passage au pays des hommes en kilt, nous prenons donc la route de l'Irlande, afin de rallier Dun Laoghaire, juste sous Dublin. J'y débarque mon jeune équipage pour embarquer le troisième groupe en sélection pour l'Ocean Globe Race.

Nous y sommes en bonne compagnie, entre deux VOR 70 et *L'Esprit d'équipe*, l'ancien bateau de Lionel Péan, vainqueur de la Whitbread 1986. Sous la direction de Lionel Régnier et Pierre-Yves Cavan, le bateau vient de sortir d'un long chantier de réfection et devrait lui aussi participer à l'Ocean Globe Race, dans la même catégorie que *Pen Duick VI*.

Cette course sera donc la première rencontre entre ces deux bateaux et je n'ai aucune idée de l'issue, ne connaissant les polaires (c'est-à-dire les vitesses en fonction de la direction et de la force du vent) de *L'Esprit d'équipe* ni au près ni au portant.

En revanche, je sais que, malgré sa construction plus récente, il a un rating (coefficient de temps) plus favorable que le nôtre. Nous devons arriver dix heures avant lui sur un parcours de 700 milles (entre quatre et cinq jours de course). Va pas falloir traîner donc, voire partir la veille…

À la tactique cette fois-ci, c'est Gérald Véniard qui a rejoint le bord. Un CV long comme un jour sans vent, et plein d'histoires à raconter : sûr que nous allons passer un bon moment !

La ligne de départ doit se franchir du nord vers le sud, ce sera donc un départ au portant.

Je ne sais pas si vous avez déjà vu les tangons de *Pen Duick VI*, mais vu leur gabarit, ils pourraient servir de mâts à pas mal de bateaux de plaisance.

Gérald nous pose sur la ligne au timing précis, nous relevons la chaussette de notre grand spi léger trente secondes avant la ligne, et nous voilà lancés sur ce Tour d'Irlande avec les quarante-sept autres bateaux.

L'image doit être belle, le *VI* sous spi dans le paquet de départ, en mode « poussez-vous, c'est moi que v'là ».

Merci aux concurrents des autres catégories d'avoir respecté le *gentleman agreement* et de ne pas avoir cherché à nous lofer. Nous ne sommes pas dans la même classe, cela n'aurait servi à rien et surtout, il est très difficile pour nous de réagir aussi rapidement que les bateaux plus légers ou modernes.

Nous restons dans le top 10 pendant un bon moment, forçons la descente sous spi pour ne pas avoir à empanner, puis faisons marcher. À bord, nous hallucinons un peu de nous maintenir à cette place, avec même un VOR 70 dans notre sillage. Nous nous débattons comme nous pouvons pour ne pas nous faire avoir par le combo « molle + courant » et filons.

La nuit tombe, nous sommes sous génois léger, toujours sixièmes en IRC [1] 1, et onzièmes en *overall*.

Au matin, nous passons le phare du Fastnet, le point le plus au sud de l'Irlande dans la mer Celtique, toujours sur le même classement, et commençons à nous préparer pour le morceau ardu de la course, celui que le *VI* attend : la remontée au près dans 30 nœuds et 4 mètres de creux.

Le vent monte, nous changeons de trinquette pour passer sur la trinquette lourde, la houle se creuse, nous prenons un premier ris, puis affalons l'artimon, puis un deuxième ris, et enfin yankee 2 amuré sur le pont.

Ça fait du bien de revoir les vagues. Les canaux écossais sont magiques pour naviguer dans 15, 20 nœuds de vent et mer plate, mais au bout d'un moment, on rêve de vagues. Et là, le *VI* se régale !

---

1. L'International Rule Club (IRC), jauge internationale d'origine anglaise, est un système de handicap avec compensation de temps destiné à l'organisation et au classement de flottes de voiliers hétérogènes qui participent à une régate.

Dans une mer formée, nous sommes au près serré, filant entre 10,5 et 11,5 nœuds surface, certaines fois en montant et descendant doucement sur la montagne russe, mais la plupart du temps, l'étrave pointe vers le ciel, la vague se retire, et le Black Shark s'écrase de tout son poids sur le plat de la vague suivante. À chaque impact, les poignets du barreur en prennent pour leur grade, les cervicales aussi, tout vibre dans le bateau, l'ordi de la table à cartes décolle, les gars dans leur bannette aussi, et soudain… une lourde déflagration mélangée à quelques kilos de verre brisé. À peine le temps de réaliser, et le bateau attaque déjà sa prochaine vague, à nous de voir comment la négocier. Un peu l'impression de livrer un match de boxe avec une partie d'échecs entre chaque round.

À la barre, j'éclate de rire, me disant qu'on est quand même bien dingues de savourer ces moments-là !

Et là, en trente minutes, tout bascule.

Pendant le virement, nous nous apercevons qu'il nous manque une des manivelles de la colonne de winch bâbord. Le truc improbable. Le truc qui ne doit pas arriver. Ces colonnes ont été offertes à mon père par le baron Bich, elles sont plus vieilles que le bateau. Des pièces de musée. Elles ont été déposées cet hiver pour entretien, tout allait bien…

Pas le temps d'être furieuse ou triste, il faut trouver une solution pour le prochain virement.

Embraquer le yankee, qu'il soit 1, 2 ou 3 est toujours un sujet, un petit combat, qui peut s'avérer dangereux si l'écoute est mal gérée. On évoque deux solutions.

Sauf qu'en rentrant dans le bateau pour prévenir la terre de cette perte (ne pas perdre de temps, il va vite falloir trouver une idée pour la remplacer pour la Drheam Cup !), j'aperçois des dizaines et des dizaines de litres de flotte sous ma bannette !

D'où vient-elle ? Mystère. Sur les quatre dernières années, nous avons fait pas mal de travaux sur le bateau, et depuis trois ans, il est sec, dans tous les temps. Il y aura toujours un peu d'eau à cause de la construction du mât, mais pas grand-chose. Or plus nous vidons, plus ça vient. Quelque chose cloche. Nous soulevons les planchers et remontons le fil de l'eau, et arrivons à la crash box. Elle est sèche.

Mais le panneau à sa droite est plein d'eau. J'attaque la paroi au pied-de-biche et une fois que je l'ai arrachée, je découvre que le feu de navigation tribord est à deux doigts de céder. Sous l'impact des vagues, son hublot de protection a été emporté, et une mauvaise conception fait que derrière l'étanchéité n'était pas doublée.

Un vieux bateau, c'est un peu comme une vieille maison. Elle est déjà construite et a son histoire, mais comme vous n'en avez pas fait la conception, vous n'êtes jamais à l'abri d'une surprise.

Au près dans la mer, l'étrave est l'endroit le plus dangereux du bateau. Ça tape deux fois plus, beaucoup de projectiles potentiels, sans parler de l'ancre, des outils… Alors bricoler dans ces conditions… Un de mes équipiers pros se cogne violemment (mais il va bien maintenant !) en tentant de réparer – premier gros warning.

Il faut vite se rendre à l'évidence, réparer et garantir l'étanchéité de cette pièce dans du gros temps est quasi impossible. Alors je décide d'abattre, de partir au portant… et d'envoyer un message à la direction de course pour signifier notre abandon.

C'est mon premier abandon. On a beau connaître la théorie, savoir que cela arrive, que nous avons accompli beaucoup de choses positives avant, que l'on va réparer et repartir sur la Drheam Cup, ce n'est quand même pas drôle à vivre. Même avec le soutien de l'équipage.

Je suis désolée pour mes marins, désolée de ne pas les avoir emmenés au bout, désolée pour mon bateau, qui montrait de si belles choses et dont je suis si fière.

Mais la voile reste un sport mécanique, malgré toute la poésie que l'on peut y ajouter. Nous avons décidé d'avoir un programme ambitieux cette année, justement pour tout tester, tout voir, tout fiabiliser. Il vaut mieux que ça casse maintenant que dans le Grand Sud.

Route sur Lorient, avec mon beau Black Shark et son œil crevé. Affreux à voir.

Mais mine de rien, ceux qui devaient se démarquer dans cette sélection l'ont fait. Les estomacs ont été mis à rude épreuve pour certains, les manœuvres en plage avant engagées, il a fallu gérer la crise, la déception. Nous avons vu chez eux ce que nous voulions voir.

Nous allons avoir une semaine de plus à terre pour réparer, perfectionner le bateau. Ce joli mois en mer nous aura aussi permis d'imaginer plein d'aménagements pour nous faciliter la vie une fois en course, surtout sur les rangements et l'organisation de la soute à voiles, et la cuisine dont l'optimisation est déjà prévue.

Et puis il va falloir remettre le pied au bureau… quand même !

Drheam Cup, août 2022. Quatrième groupe, quatrième course.

Fin juin, nous sommes donc rentrés du Tour d'Irlande, avec deux petites semaines pour réparer le bateau et remplacer notre manivelle manquante. L'équipe de soudeurs est sur le pont, nous trouvons l'endroit parfait pour faire refondre une manivelle, qui sera livrée trois jours avant notre départ. Timing parfait. Je suis soulagée. Cette mésaventure m'a aussi montré l'importance que je dois accorder à la recherche de vieilles pièces, poulies, chariot, winch et autres.

Pendant ces deux semaines, l'équipe bichonne le *VI* tandis que j'enfile mes habits de ville pour aller à la rencontre de potentiels partenaires.

Nouvelle course, nouvel équipage, nouvelle donne.

Trente personnes sont accueillies à bord désormais, et chaque fois, *Pen Duick VI* a fait en sorte que la sauce prenne. Je suis heureuse d'avoir des équipages avec de fortes qualités humaines, de belles expériences de vie à partager, et une cohésion d'équipe qui se crée. En gros, on se marre bien, et le choix va être difficile !

Surtout, nous avons fait une « Downwind Cup » : monter au Fastnet au portant, redescendre du Fastnet… au portant. Le portant, ce n'est pas l'allure favorite du bateau. Lui comme moi aimons le près, de préférence dans de l'air. Avec son petit cul, au portant, il peut avoir une légère tendance à rouler, et même s'il avance bien, ce n'est pas un bateau qui va voler. Et pourtant, sous yankee 2 tangonné / trinquette, nous avons fait quelques surfs à 22 nœuds. Je n'ai pas voulu embarquer le spi lourd : lui, on le sort quand c'est la guerre dehors, et il vaut mieux avoir un équipage de furieux à bord. Mes équipiers de l'année sont encore trop jeunes.

Alors il en faut, de la cohésion d'équipage, pour le manœuvrer. Les empannages en maxi, avec deux tangons, demandent une organisation impeccable, choquer ou brasser les bras, écoutes, balancines et hale-bas de tangons au bon moment pour ne pas déchirer le spi, nécessitent quasiment l'ensemble de l'équipage sur le pont, sans oublier le régleur de grand-voile, un autre aux bastaques, deux qui gèrent les tangons, et le barreur. Tout un orchestre !

Après Karine Fauconnier sur l'Armen Race et Gérald Véniard sur l'Irlande, j'ai fait appel pour cette régate à Clément Giraud pour la tactique. De formation, Clément n'est pas tacticien, mais c'est un des grands experts de la plage avant, qui a été numéro un sur beaucoup de supports, du Maxi au TP52 en passant par le 15 m JI *Mariska*, où j'ai eu la chance de naviguer huit ans à ses côtés. Alors de la stratégie, il en a bouffé, et de la météo aussi, surtout avec son joli Vendée Globe. Une Drheam Cup ne devrait pas lui faire peur !

Et ça marche. Départ canon sur la ligne, une trajectoire propre sur toute la course, mais surtout, grâce à sa lecture de la plage avant, il permet à mon équipage d'améliorer très vite l'exécution des manœuvres. À tel point qu'en arrivant à la bouée de Rochebonne, alors que nous sommes bord à bord avec *Challenge Océan*, nous décidons d'affaler le spi avec la marge habituelle en maxi, le fameux « au cas où »… Et là, non, rien, et en plus très rapide. Parfait. Parfait mais frustrant car du coup, nous nous retrouvons sous voiles plates quelques minutes trop tôt… mais c'est comme ça !

Ce genre de manœuvres, c'est une des grosses particularités des Maxis des années 1970-1980. Des bouts partout, et pour chaque bout, c'est un winch, des voiles à endrailler, des bateaux surpuissants qui demandent beaucoup d'anticipation et de bien visualiser chaque manœuvre, pour imaginer tout ce qui peut coincer avant que cela n'arrive… De nos jours, les voiles sont toutes sur enrouleurs, les spis asymétriques, tout le pont recentré autour d'une colonne, en faisant en sorte d'aller le moins possible sur la plage avant. Tout est différent. Ce ne sont plus les mêmes bateaux, plus la même époque, plus les mêmes performances. C'est une autre façon de naviguer, ni mieux ni moins bien, juste une autre façon de faire du bateau à voile. En tout cas, si vous avez du mal à comprendre ce qu'est l'esprit d'équipe, venez faire du maxi. Vous allez vite comprendre que seul à bord on ne fait rien.

Le 7 août, après cinq jours de course, victoire : *Pen Duick VI* arrive trois heures en réel après le Volvo 60 Challenge Océan, nous sauvons largement notre rating et gagnons la Drheam Cup 2022 ! Je n'avais jamais imaginé gagner une course avec ce bateau, je suis très heureuse pour lui, surtout en arrivant avec les copains à La Trinité.

Je suis assez fière de ce dernier équipage, leur échelle de progression a été top, ils ont su faire ce que j'aime, naviguer sérieusement, propre, vite et bien, sans trop se prendre au sérieux.

Le temps passe et le dernier équipage qui vient pour le Tour des îles Britanniques est arrivé à bord ; nous partons dans les prochaines heures pour Cowes en Angleterre. Cela veut donc dire que la fin de saison, donc la fin de la période de sélection, elle aussi approche… Il va bientôt falloir annoncer les résultats. Le moment que je redoute depuis le début ! Les règles du jeu sont pourtant claires depuis le départ, trente-huit personnes sont en sélection mais je n'ai pas trente-huit places à bord… Il y aura donc forcément des déçus.

Pour l'heure, concentration sur notre dernière course, le gros morceau de la saison.

On retourne dans le froid, l'humidité… remettre des pulls, babygros et des bonnets…

Tour des îles Britanniques, août 2022.
Cinquième groupe, cinquième course.

Le mois d'août a été consacré au Tour des îles Britanniques, LA course de la saison. Un parcours difficile, 1 800 milles au départ de l'un des hauts lieux de la régate : Cowes, petit village situé sur l'île de Wight, au sud de l'Angleterre. Le parcours nous fait partir par l'est de l'île, passer le Fastnet puis remonter toute la côte ouest de l'Irlande. Ensuite, nous remontons encore toute l'Écosse, pour viser le nord des îles Shetland et arriver sur une latitude de 60° nord. Après avoir passé la petite île rocheuse de Muckle Flugga, il faut attaquer la redescente de la mer du Nord, faire attention au trafic maritime de la Manche et revenir à Cowes.

Pour manœuvrer *Pen Duick VI*, j'ai constitué un équipage de guerriers, ceux que je voulais confronter au froid et aux conditions de mer un peu rudes, pour ainsi pouvoir les imaginer dans les conditions compliquées du Sud. À la tactique, une autre *warrior* : Alexia Barrier, finisher du dernier Vendée Globe, et qui ne perd jamais une occasion de naviguer sur tout ce qui flotte. Alexia, c'est la rage d'aller au bout de ses rêves et un amour inconditionnel de l'océan.

Comme pour le reste de la saison, l'objectif est de bien faire avancer ce beau bateau, et bien sûr de sélectionner au mieux les volontaires de ce nouvel équipage.

Le Tour des îles Britanniques, c'est seulement tous les quatre ans. C'est la plus longue course (hors transat) du calendrier du RORC, « le championnat du monde du parcours côtier », dans des conditions de mer et de vent le plus souvent compliquées.

Seulement voilà, au lieu de faire des bords de près, ambiance saut de talus (ce que l'on aime, donc !), nous avons couru « le championnat du monde de pétole » !

Et dès les premiers milles, nous comprenons. Nous comprenons que ça va être long. Des plombes pour faire le tour de l'île de Wight. Le courant dans la Manche est un vrai tapis roulant alors pendant six heures, ça va, mais pendant les six heures suivantes, on subit. Nous arrivons au sud de l'Irlande avec la sensation d'être partis depuis une semaine. On enchaîne les virements, les longs, très longs quarts de barre en plein cagnard, à l'affût de la moindre risée. Nous nous consolons en nous disant que *Pen Duick VI* marche plutôt bien dans le petit temps malgré ses 34 tonnes.

Dès le deuxième jour, nous devons adapter les quantités de nourriture. À bord, pas de lyophilisés, nous avons une personne dédiée à la cuisine et à la gestion des stocks. Être cuistot à bord d'un bateau de douze personnes est un poste à plein temps : un des rôles clés du bateau.

Nous réduisons un peu les rations, et surtout planquons les biscuits et gâteaux. Tellement facile de compenser l'ennui par la nourriture et le grignotage ! La seule denrée que nous ne rationnons pas : le café ! Et du café, on va en boire des litres.

Il ne faut pas dormir, pour exploiter chaque brin de vent. Alexia et moi entrons dans un rythme de sommeil très faible afin de faire avancer le bateau, nous dormons en moyenne trois à quatre heures par tranches de vingt-quatre heures. À bord, nous fonctionnons par quart de trois personnes, chaque quart durant trois heures. Alexia, la cook et moi sommes hors quart.

Cette pétole nous offre la chance de pouvoir régulièrement observer des rorquals communs, qui viennent tourner autour du bateau. Vu les nombreux oiseaux et dauphins présents au même moment, nous devons probablement être au milieu de leur restaurant.

Cela fait déjà cinq, six jours sans vent. Physiquement, les corps qui ne font pas d'efforts souffrent, le temps est long. Le décor est pourtant magnifique, les couchers de soleil longs et fabuleux, les nuits étoilées, mais c'est interminable. Même les barbules ont disparu des fichiers, laissant la place à des cercles, symbolisant le néant absolu de vent…

Nous sommes contraints d'affaler les voiles d'avant pendant quelques heures, pour éviter que leurs battements ne les abîment. Nous ressemblons à des lions en cage.

À bord, nous n'avons pas Internet, alors nous n'avons des infos du classement que lorsque nous nous rapprochons des côtes. Nous sommes en IRC 1, la classe des grands bateaux, et avons le rating le plus faible.

Nous courons donc contre quatre bateaux plus modernes et plus performants, qui en théorie doivent arriver devant nous, mais ce sera le temps compensé qui sera pris en compte. Ils nous doivent tous du temps, alors il faut réduire au maximum l'écart avec eux.

Enfin, après neuf jours de pétole, le vent revient ! *Pen Duick VI* allonge enfin la foulée. Nous passons l'archipel de Saint-Kilda dans 20-25 nœuds de vent, et l'équipage comprend pourquoi j'aime le près ! Au moment où tous les bateaux ralentissent dans des vagues, nous accélérons. Nous remontons le groupe de bateaux avec qui nous étions depuis le début, le *VI* se dégourdit enfin la quille, et le moral des troupes lui aussi remonte.

60° nord, les îles Shetland ! Pas de poneys en vue, de toute façon, nous les passons de nuit. Mais la bonne surprise est que nous apprenons que nous sommes en tête du classement ; un autre bateau s'est retiré de la course, et notre dernier concurrent n'a toujours pas mis suffisamment de distance entre lui et nous pour sauver son rating.

Il reste la moitié de la course à boucler, pas le moment de mollir. Alors nous, nous ne mollissons pas, mais le vent, lui, oui… Encore une dorsale à gérer et nous redescendrons dans du vent léger, mais toujours aux alentours de 9 à 10 nœuds, ce qui, comparé au 0-2 nœuds de la première semaine, est du luxe.

En revanche, ce qu'il nous faut gérer, ce sont les parcs éoliens et les dizaines de plateformes pétrolières présentes en mer du Nord. Honnêtement, c'est impressionnant. J'ai beau avoir fait une mise à jour des cartes marines en début d'année, les parcs n'apparaissent pas et pire, ils n'ont pas d'AIS (l'AIS est un système d'identification qui permet d'être visible sur les écrans de contrôle). Je n'entrerai pas dans le débat « pour ou contre l'éolien », mais il faut voir ces immenses champs, dont les plus petits comportent tout de même soixante-dix éoliennes. Quand ce ne sont pas les éoliennes que nous devons éviter, ce sont les plateformes pétrolières. Autour de nous, il y en a en permanence quatre ou cinq. De nuit, c'est Disneyland. Entre les lumières des plateformes et celles des éoliennes, nous avons l'impression d'être en pleine ville. C'est terrifiant.

À l'ouest de l'Irlande, nous avons vu de nombreuses baleines, des dauphins, des phoques, des macareux, et plein de sortes d'oiseaux. En mer du Nord, personne… Pas un signe de vie ! Et pire encore, pas un oiseau, rien dans le ciel… Un *no man's land* d'une tristesse absolue.

Retour en Manche, gestion du trafic maritime. Dès que l'on capte un brin de signal GSM, nous consultons le classement : toujours premiers… Alors nous restons concentrés pour passer les hauts-fonds et les courants du sud de l'Angleterre. Le vent léger nous abandonne, faisant encore place à une grosse zone de molle. On ne dort plus du tout, on approche du but, et ça passe !

Champagne, on navigue enfin !

22 août.

Pen Duick VI franchit la ligne d'arrivée et m'offre le jour de mon anniversaire une victoire inattendue ! L'objectif de la saison était de préparer le tour du monde, de sélectionner l'équipage, de préparer le chantier d'hiver. Gagner la Drheam Cup était déjà une jolie surprise, mais gagner le mythique Tour des îles Britanniques, je n'avais même pas osé y penser !

6

Lorient :
Pen Duick VI se refait une beauté

De retour à Lorient, *Pen Duick VI* est immédiatement démâté et sorti de l'eau. Cette opération est toujours délicate, ce n'est pas comme si on le sortait de l'eau sur une cale en le remorquant derrière une voiture. En temps normal, nous le sortons via un élévateur, puis le calons sur ses bers sur l'anneau de Keroman, l'aire de réparation navale. Cette fois-ci, nous faisons venir une grue, et le sortons du côté de l'ex-base des Défis.

Nous le posons donc d'abord sur un mille-pattes et une fois bien calé, le transportons jusqu'à son hangar. Il est très rare que nous le rentrions sous un toit car le *VI* est un grand bateau, qui nécessite des portes de 7 mètres de haut pour le faire passer. Or, à Lorient, la « *sailing valley* » est devenu le paradis des Imoca et des Ultim, des bateaux qui déquillent ou qui n'ont pas de quille.

Il y a quand même un hangar qui peut nous accueillir : nous empruntons la place du bateau de

Romain Attanasio, qui lui se prépare à courir la Route du Rhum. Sur notre bâbord, Fabrice Amedeo et sur notre tribord, les Allemands de Boris Hermann, le *Team Malizia*.

Pen Duick VI a des allures de dinosaure au milieu de cet univers de carbone !

En temps normal, l'ambiance ici est celle des écuries de Formule 1. Tous portent des tenues ultra techniques, avec logos des sponsors : des batteries d'experts et ingénieurs dans tous les domaines possibles se déchirent le neurone pour pousser les machines dans leurs retranchements.

Nous, nous arrivons avec notre immense colosse d'aluminium, et au moment où le *VI* est calé sur ses bers, Romain se tourne vers son équipe et leur dit : « À partir de maintenant on fait gaffe les gars, on a l'Arc de triomphe dans le hangar ! »

Romain est un ami de longue date, et je suis heureuse de l'émotion que lui procure ce bateau.

Les travaux que nous devons réaliser sur le *VI* vont durer trois mois. Nous allons devoir encercler le bateau d'échafaudages, puis recréer une immense bulle autour du lui pour ne pas envahir et protéger nos voisins de la poussière. En gros nous l'empaquetons à la façon de Christo !

Sous cette bulle, les ouvriers du chantier s'affairent. Ils commencent par mettre le bateau entièrement à nu. Sur un bateau, tout ce qui se trouve au-dessus de la ligne de flottaison est appelé « œuvres mortes », ce qui se trouve sous la flottaison « œuvres vives ».

Le bateau est en alu mais, afin de le protéger, une couche d'enduit le recouvre entièrement.

À force de taper dans les vagues – il faut bien imaginer notre géant tomber très régulièrement de plus de 3 ou 4 mètres de haut –, la tôle se déforme, la coque est toute cabossée. Alors que pour aller vite, elle doit être le plus lisse possible.

Nous refaisons les œuvres vives régulièrement, mais rarement jusqu'à l'aluminium. Les œuvres mortes, elles, n'ont pas été refaites depuis 1981. Nous inspectons entièrement la coque de l'intérieur, à la recherche de chancre, la corrosion de l'aluminium. Une fois décelé, le chancre est sondé puis traité par les soudeurs. Si la tôle est vraiment abîmée, alors nous la remplaçons. Je fais le tour du bateau par l'extérieur et d'un seul coup je vois l'intérieur sous la table à cartes : c'est une sensation assez particulière d'avoir un trou dans son bateau !

Une fois ce premier travail effectué, les ouvriers repassent l'enduit sur le bateau, attaquent le ponçage afin de retrouver la coque la plus parfaite, puis la revêtent d'antifouling, une peinture destinée à empêcher les organismes aquatiques de se fixer.

À la mise à l'eau, je me fais tailler un costard par les lecteurs de la presse anglaise car, pour eux, un bateau qui sort de chantier, ou de *refeat* comme on dit dans le métier, se doit d'être impeccable. Il est vrai que le *VI* est encore bosselé, mais ce bateau a 50 ans ! Si nous devions refaire toutes les tôles, le budget serait multiplié par cinq ou six. Reste la solution de boucher tous les trous à l'enduit. Possible mais long et coûteux. Surtout, est-ce plus avantageux d'avoir une coque lisse mais un bateau beaucoup plus lourd ? Je ne le crois pas. Nous avons fait des compromis, en tenant compte d'un budget non extensible et d'un temps limité. Et puis bon, on a toujours eu la fâcheuse tendance d'agacer les Anglais dans la famille… S'ils en parlent, c'est qu'ils ont un peu peur, non ?

Les œuvres mortes constituent aussi un long et fastidieux chantier. La couche d'enduit d'époque est très épaisse, ce qui oblige à sabler entièrement le bateau. Au total, 3 000 kilos de sable sont propulsés sur la coque. À côté, nos camarades de chantier ont des sueurs froides. Nous aussi ! Si la bâche de protection a le moindre trou, nous polluerons de sable ou de toute autre substance les engrenages des Imoca.

Le bateau sablé, les enduits terminés, ne reste plus qu'à poser la couche préparatoire, puis les peintures. Nous repartons sur un noir brillant. *Pen Duick VI* a été mis à l'eau en 1973 avec un noir mat, mais cela fait déjà longtemps que nous avons opté pour un brillant.

À l'intérieur, Fred Silberg *aka* Momo s'affaire à nous aménager un bateau aux petits oignons.

Momo est un très bon ami que j'ai rencontré alors qu'il était l'un des piliers de l'équipage de *Moonbeam III.* Un voyageur, vrai marin dans l'âme, très bon technicien, doté d'une bienveillance hors norme : je sais qu'il préparera le bateau mieux que si c'était le sien !

Tout à bord est inspecté, désossé. Au moindre doute, la pièce est remplacée. L'intérieur du bateau est rutilant, toute la tuyauterie a été changée, la coque entièrement mise à nu par l'intérieur et l'aluminium inspecté, un gros morceau de l'intérieur fiabilisé, plein de détails faits à droite à gauche, le genre de petits détails qui prennent du temps et qui nous changent la vie à bord. Momo a été épaulé par une partie des Volon'Terre, tous ultra motivés pour mieux connaître ce qui sera leur future monture autour du monde.

La *job list* est sans fin, entre ce qui est important et ce qui est urgent.

Les quatorze matelas et leur sellerie sont changés, un espace de stockage type magasin est construit dans la soute à voiles, un hydrogénérateur et un deuxième dessalinisateur installés, le rangement des cirés optimisés, les vingt-quatre winchs démontés, inspectés, réparés ou changés, le gréement dormant entièrement remplacé, le tout sans oublier l'installation de la radio BLU et du *weather* fax et tout plein d'améliorations qui apportent du confort et qui, une fois en mer, feront la différence…

L'agencement de la cuisine est entièrement refait : nous avons baissé les poids, gagné en sécurité, et au passage en esthétique !

À bord, je n'avais qu'un générateur, surnommé Calimero. Calimero marche quand il veut, en fonction de la météo. Jamais content… Car Calimero n'aime pas la gîte au-dessus de 20 degrés. Le *VI* peut gîter à 40 degrés, ce qui engendre des problèmes d'huile. Alors Calimero a été mis sur cardan, ce qui nous permet de le démarrer dans n'importe quelles conditions. De lui dépend le dessalinisateur qui nous donne de l'eau potable. Surtout, nous avons fixé juste derrière la quille un hydrogénérateur immergé 100 % du temps. Il recharge les batteries, et permet donc de préserver Calimero. Un gros stress de moins.

Début septembre signe aussi la fin des sélections, il va falloir annoncer la liste des Volon'Terre qui partiront sur la campagne hivernale. Je ne me voyais pas faire ça par téléphone, ni leur annoncer la fin de l'aventure par mail. Avec la très grande majorité d'entre eux, j'ai vécu des moments fantastiques en mer. Des liens se sont créés, et je continuerai, je l'espère, de voir ceux qui ne sont pas retenus pour le tour du monde. Alors nous allons tous nous retrouver à terre, dans la Sarthe, dans la maison de famille de Clémence.

Nous commençons les Elemen'Terre Games par un bon déjeuner en mode campagnard, puis attaquons les festivités. Défilé des équipages où chaque bordée doit représenter son périple. S'ensuit une succession d'épreuves dont la plupart n'ont aucun sens, comme ce mémorable relais en paddle gonflable et en combinaison de survie (je n'en dirai pas plus). Quelques tonnes de rires plus tard, le moment est venu.

Qu'est-ce que je me sens mal… Comment dire à des gens que l'on apprécie qu'ils ne sont pas choisis ? Je tourne autour du pot durant des plombes, j'ai des bouffées de chaleur, je tremble, imagine n'importe quel subterfuge pour me dérober.

J'appelle enfin le premier groupe, Armen Race.

Je demande à Édith, Éléa et Hugo de s'avancer. Je leur remets un T-shirt noir avec le logo de *Pen Duick VI* et le logo de l'Ocean Globe Race. Ils ont envie d'exploser de joie, mais à côté, leurs copains sont tristes, alors ils se retiennent. Moi-même étant au bord des larmes, l'ambiance est un peu lourde. Alors c'est le reste du groupe qui se lève et se met à réconforter ceux qui n'iront pas plus loin tandis que d'autres félicitent les sélectionnés. Pour chacun de ceux qui nous quittent, j'ai fait encadrer pour chacun une belle photo du bateau prise lors de leur passage à bord. J'appelle ensuite les quatre autres groupes.

Groupe Écosse : au tour de Simon, Anne, Julia et Guillaume de s'avancer.

Groupe Tour d'Irlande : Estelle et Mathys.

Groupe Drheam Cup : Véronique, Nicolas, Franck, Clémence, Laurent et Éloïse.

Groupe Tour des îles Britanniques : Noé, Mathieu et Guillaume.

Voila. C'est dit…

Je m'éclipse quelques minutes, histoire d'évacuer ce trop-plein d'émotions. Besoin d'être seule, de réaliser qu'une étape de plus est franchie vers le départ de l'OGR.

Time to party, un groupe est en train de naître.

Je reprends mes allers-retours à Paris, toujours à la recherche de partenaires assez fous pour rejoindre l'aventure. Les mois passent, le départ de la Route du Rhum est donné, l'automne s'installe.

Depuis quelques années, je n'ai plus vraiment de maison. J'ai des chevaux à charge et ils passent toujours avant moi. Comme pour tout cavalier propriétaire, souvent nos chevaux mangent mieux que nous, sont mieux habillés que nous. Quelques semaines avant la Jacques-Vabre en 2021, je rends mon dernier lieu de vie. À partir de là, je suis bien plus en mer qu'à terre. Les locations à l'année sont introuvables par chez moi, et je n'ai à ce moment-là pas les moyens de m'acheter une maison. De toute façon, je ne vois pas bien le sens de payer un loyer ou un emprunt pour un lieu où je serai moins de la moitié de l'année.

Mais lors de mes séjours à terre, il me faut quand même un endroit où vivre et travailler. Alors certaines de mes amies vivant à Paris me prêtent leur maison de vacances en Bretagne. Échange de bons procédés : la maison est aérée et entretenue, je peux y vivre quelques mois. Je ne me plains pas, c'est un choix que j'ai fait pour mes chevaux et le projet OGR, mais j'avoue que c'est un peu dur de vivre en permanence dans un sac, de ne jamais avoir un chez-soi.

Je travaille de chez moi depuis toujours, je sais que de mon cadre de vie vont dépendre ma motivation et ma créativité. J'ai appris à séparer les besoins de mes envies. Je n'ai pas besoin de grand-chose pour vivre, mais j'ai quand même quelques exigences essentielles : un lieu avec du caractère, même petit, de préférence en pleine nature, un bureau et un endroit où installer ma salle de sport. Si je peux en plus avoir mon piano, c'est parfait.

Et surtout, être à vingt minutes de la gare de Quimper. Car chaque semaine, je fais un ou deux allers-retours à Paris. À force, je connais le nom de tous les contrôleurs ou baristas des TGV. Il y a toujours un moment où je réalise que je connais aussi les stations de métro par cœur. C'est le signe que je passe beaucoup trop de temps à Paris.

La recherche de budget et les diverses manifestations, conférences, salons ou dîner font partie du job. À vrai dire, ce n'est pas une partie que je déteste. Je trouve intéressant de rencontrer des personnes en dehors de mon univers, de tenter de comprendre l'entreprise, de cerner ce dont ils ont besoin, ce que nous pouvons développer ensemble.

Chaque rendez-vous est un défi pour moi qui suis faite pour vivre pieds nus dans l'herbe ou sur le pont d'un bateau. Pas déguisée en citadine sur du goudron.

Même si je suis de plus en plus à l'aise en société, une fois à Paris, j'ai toujours un peu l'impression d'être Mimi-Siku, l'Indien dans la ville. Et pourtant j'aime Paris ! Une ville où l'on peut voir le ciel, avec une architecture fabuleuse, et plein de copains… mais le calme de la Bretagne me convient plus.

Les semaines passent, je jongle entre le chantier, la préparation de la saison d'hiver, toutes les commandes matérielles, l'organisation des Volon'Terre, la recherche de partenaires et les sollicitations diverses. Plus vraiment de temps pour la vie personnelle. Depuis le départ du projet OGR je n'ai quasiment plus vu mes amis, heureusement que le téléphone existe.

Décembre 2022.

Les ouvriers attaquent les dernières retouches sur la peinture noire de *Pen Duick VI*. Dans une dizaine de jours, il va retoucher l'eau.

Au fond de moi, j'éprouve un sentiment mitigé. Je suis heureuse de retourner à bord et en même temps un je-ne-sais-quoi fait que je resterais bien là… Les copains rentrent de la Route du Rhum, les décorations de Noël s'installent, je réalise que je ne suis jamais partie en mer à cette période. J'adore l'hiver, Noël, le froid, l'ambiance de décembre. La maison de famille va être chaleureuse, les cheminées allumées du matin au soir, tout le monde se fait beau, on prépare un bon gueuleton et de bonnes bouteilles, c'est quand même chouette. Là j'ai un peu l'impression d'assister à la préparation d'une fête et de partir juste avant. Et ce ne sera pas qu'une impression.

Aussi, j'aime voir *Pen Duick VI* au chantier. Ce bateau me fascine, et je peux le regarder pendant des heures. Comme s'il pouvait voir au travers de moi, je peux rester assise devant lui de longs moments, sans rien faire, juste à le regarder.

À force d'être à son bord, je ne l'ai vu pour la première fois sous voiles que récemment, lors d'un shooting partenaires au printemps dernier où j'ai profité d'un Zodiac pour aller le voir de l'extérieur. Quelle claque… Un seigneur… Si charismatique.

J'ai positionné le semi-rigide sous son vent, à quelques mètres de son axe. J'ai coupé les moteurs et laissé le *VI* me dépasser… L'incarnation même de la force tranquille. Il filait à 10 nœuds et je le regardais passer, envoûtée.

J'ai eu le même coup de foudre pour le premier *Pen Duick*, que je n'ai vu pour la première fois de l'extérieur que vers mes 16 ou 17 ans.

Un bateau dans un chantier, c'est un peu comme un cheval dans un box.

Si le bateau a besoin de voir l'horizon, le cheval est claustrophobe et a besoin de ses congénères. Mais on a beau savoir qu'un cheval est claustrophobe et n'a donc rien à faire au box, c'est tellement agréable de le préparer dans un endroit protégé, à l'abri des regards, de rassembler toutes ses affaires très tôt avant de l'embarquer dans le camion, en route pour de nouvelles aventures. Ces instants partagés tôt le matin à l'écurie, quand il n'y a encore personne, que le soleil se lève à peine, qu'une fine brume recouvre encore les champs, cette ambiance d'entre deux mondes où l'on se retrouve en tête à tête avec l'animal dans une atmosphère intimiste, sont magnifiques. Ce sont mes deux moments préférés avec les chevaux : le lever de soleil, et le soir tard, voire la nuit. On passe du temps ensemble, loin du monde humain, dans notre monde à nous. Il n'y a que le cheval et moi.

Avec *Pen Duick VI* au chantier, je retrouve un peu cette sensation, cette atmosphère cocooning, car c'est le seul moment de l'année où je peux voir le bateau de l'extérieur… Quand je suis à bord, je n'aperçois pas son étrave si expressive. Mais quand je le vois ainsi, nous toisant en seigneur, si haut, si grand, si beau, je peux rester hypnotisée, subjuguée, à le regarder, admirative, totalement amoureuse.

Maintenant que la peinture est finie, au fond de moi, j'ai envie non pas de le mettre à l'eau mais d'en profiter encore un peu. Seulement un bateau n'a rien à faire dans un chantier, et un marin ne doit pas rester trop longtemps à terre.

14 décembre. Mise à l'eau.

Un froid de canard s'est abattu sur la Bretagne. Depuis quelques jours, on a sorti les chaussures de montagne et les pantalons de ski. La laque a eu du mal à prendre à cause du froid, il nous a fallu sortir des radiateurs pour l'aider.

Ce 14 décembre, il pleut d'une pluie verglaçante, ça meule sévère. La mise à l'eau sera comme le reste du chantier, sur le fil. Mon maître d'œuvre est parti courir le Rhum, l'équipage pro fait sa première journée à bord, je suis donc seule pour mettre le bateau à l'eau et diriger toute la manœuvre. Il faut toujours une première fois…

La marée est basse en fin de matinée, il nous faut commencer à la première heure. Le mille-pattes est venu sortir le *VI* de sa chrysalide la veille, il a passé la nuit sur le parking, prêt. Nous ne pouvions pas prendre de retard sur sa mise à l'eau à cause des Imoca qui rentrent du Rhum. Chacun n'a qu'une fenêtre de tir, ils vont tous sortir de l'eau pour attaquer leur chantier : c'est la seule demi-journée de libre dans le planning des grutiers. Nous prenons d'entrée de jeu un peu de retard, mais mettons à l'eau. Ensuite les mâts : le grand devant, le petit derrière, jusqu'ici tout va bien.

L'heure tourne, il est temps de partir avant que la quille ne touche la vase du port de Lorient. Le *VI* nous fait encore une petite blague, avec un moteur capricieux au démarrage ! Nous partirons finalement avec un sondeur qui indiquera 3,45 mètres, alors que la quille du *VI* descend à 3,40. On a eu chaud.

7

Un hiver à rayer l'Atlantique

Janvier 2023.

Table à cartes de *Pen Duick VI*. Ça y est, lui et moi sommes de retour ! Un gros programme d'entraînement s'annonce, de fin décembre au 1er avril, que nous allons faire conjointement avec nos amis et concurrents sur l'Ocean Globe Race, *L'Esprit d'équipe* : Transat du Royal Ocean Racing Club qui nous emmènera jusqu'à Grenade ; ensuite Nelson Cup et Caribbean 600 à Antigua, puis nous tenterons de monter à New York avant de rentrer par une nouvelle transat.

L'idée derrière tout ça est bien sûr de faire engranger des milles à mes Volon'Terre et de souder une équipe, de repérer les affinités, les complémentarités entre chacun, de bâtir un groupe qui aime passer du temps ensemble, d'acquérir de l'expérience, encore et encore, eux comme marins, moi comme capitaine.

Et ça marche… même (ou surtout ?) quand nous ne tenons pas tous nos objectifs. Comme en témoigne le message que j'ai écrit à chaud, en convoyage entre Antigua et New York, en plein triangle des Bermudes et qui, posté sur les réseaux sociaux le 13 mars 2023, a eu un grand écho, et nous a valu en retour un flot de messages élogieux, de soutien et de sympathie.

Message de bord. 13 mars 2023.
How to surrender with panache…

C'est l'histoire d'une bande de gamins qui avaient un rêve, et qui se sont battus comme des dingues, avec fougue et bravoure, jusqu'au bout.

Nous partons donc de Tortola pour New York, chacun avec ses visions et ses envies de la Grosse Pomme. L'idée est de monter nord pour trouver du gros temps, et entraîner l'équipage à des conditions météorologiques exigeantes.

Les premiers jours de convoyage se font dans une pétole pas possible, alors nous nous appuyons sur le moteur. Nous sommes partis six heures après nos amis de *L'Esprit d'équipe*, et nous nous retrouvons tous les soirs à 22 heures TU [1] (ou TTC comme le dit Noé) sur les ondes de la BLU pour nous transmettre nos positions et des nouvelles du bord.

Avec son poids plus léger, *L'Esprit d'équipe* s'en sort mieux dans le petit temps, et le 4 au soir, il a 30 milles d'avance sur nous. On a beau être en convoyage, ça

1. Temps universel.

nous énerve un peu quand même. Voile d'étai en tête, on passe la nuit à 13-14 nœuds, et au lever du jour, nous croisons *L'Esprit d'équipe*. Nous aurions voulu le trouver que nous n'y serions jamais arrivés !

Les routages sont toujours favorables pour passer le Gulf Stream et arriver à New York, mais nous tombons dans des molles que le fichier météo n'annonce pas, en tout cas pas autant. Nous devions avoir du vent, léger peut-être, mais du vent. Nous passons alors la nuit à 5 nœuds dans cette houle, le moteur ne nous ferait pas avancer plus vite. Ces quelques nœuds en moins nous font perdre un temps précieux : cinq heures de retard sur le routage. Le vent commence à entrer, je sais qu'il va entrer rapidement, alors à la sortie de la bulle, nous basculons du yankee 1 au yankee 2. Le yankee 3 est sur le pont, ainsi que la trinquette lourde, nous les changerons plus tard, à 3 heures du matin, pendant la relève de quart. Il y en a bien pour quarante-cinq minutes de manœuvre, anticiper est le maître mot à bord. Pour l'instant, il faut avancer et ne plus perdre de temps. Yankee 2, un ris, trinquette légère, artimon, le bateau glisse à 130 degrés du vent, on file.

3 heures du matin. Changement de voile. On passe en configuration char d'assaut. Trinquette lourde, yankee 3, deuxième ris grand-voile, artimon affalé. Les 30 nœuds arrivent un peu après, le vent a tourné comme prévu, nous nous retrouvons au près. 35-40 nœuds établis, et des vagues de plus en plus grosses. troisième ris grand-voile, mode *beast on*.

Ça commence à cogner. Problème : nous devons continuer de traverser le courant. L'idée est de renvoyer un virement tribord lors de la bascule de vent et sortir du courant par le nord. Sauf que le retard pris la nuit précédente ne nous positionne plus au bon endroit du courant. On tente quand même un virement, mais nous nous retrouvons face à des murs d'eau. Les vagues sont d'environ 6 mètres, 8 pour les plus grosses. Impossible de passer. On renvoie un virement bâbord : à la barre, j'essaie de garder un maximum de vitesse pour ne pas faire de manque à virer, tout en allant le plus lentement possible dans la rotation pour que les gars puissent border yankee et trinquette. Ils sont bons, vraiment.

On décide de longer le courant du Gulf Stream, nous sommes le 6 au soir, et à la vacation de 22 heures, Lionel de *L'Esprit d'équipe* me dit avoir fait demi-tour, il fait cap à l'ouest et part se réfugier dans un port. Première alarme dans ma tête. Mais nous n'avons pas les mêmes bateaux, *L'Esprit d'équipe* est un très bon bateau (vainqueur de la Whitbread 1986 !) mais beaucoup plus léger et moins long que nous. Nous entrons dans le domaine du *VI* : le très gros temps. Là, le bateau se régale. Nous, un peu moins. Et puis nous avons fait le choix de monter nord pour entraîner l'équipage au gros temps, ce n'est pas en naviguant dans 25 nœuds au soleil que nous allons les entraîner pour le Grand Sud.

Alors, on lance le char d'assaut. Toujours au près, les 40 nœuds sont établis, l'anémo monte à 50 en rafale, je sélectionne dans les quarts ceux qui peuvent barrer. Barrer un maxi dans ce genre de vagues demande de la technique, et aussi beaucoup d'intuition. Surtout, il ne faut pas contraindre le bateau. Il sait ce qu'il fait. Le tout est de le placer correctement pour aborder les vagues qui arrivent par notre bâbord, de ne surtout pas se faire pousser le cul et se retrouver ainsi face au vent. Un manque à virer dans ces conditions serait dramatique. La grand-voile est ouverte, donc la bastaque est au pied de mât. Vraiment ce ne serait pas un bon moment. Mais tous gèrent bien, ne reste plus qu'à leur apprendre à ne pas faire taper le bateau dans les vagues. L'idée est de rapidement lire la vague, de correctement positionner l'étrave pour pouvoir donner le petit coup de barre lorsque nous sommes sur la crête et ainsi faire accompagner la vague par l'étrave, « brosser la vague ». Sinon, c'est concours « plantage de pieux » car si ce n'est pas fait correctement, le bateau se retrouve dans le vide, et tombe de tout son poids. À l'intérieur, d'un seul coup, on se retrouve comme en apesanteur, nous accrochant à ce que nous pouvons, et la déflagration arrive. Un bruit mélangé de plein de choses, l'aluminium, le bruit sourd et grave de l'étrave chargée, couverts et batterie de cuisine qui décollent. Toutes les affaires, pourtant sanglées, tombent. Tout est trempé, des centaines de litres déferlent sur le pont (une bonne occasion de tester in situ nos cirés neufs avant le tour du monde !) et le choc à peine passé, le *VI* trace sa route sans presque avoir perdu de vitesse…

Là, il est incroyable. Non seulement il ne bronche pas, mais nous filons à 10-11 nœuds surface, au près, dans 40 à 50 nœuds de vent et des murs d'eau dont j'aurais du mal à donner la taille. Je ne connais pas beaucoup de bateaux capables de faire ça.

L'ambiance est sérieuse à bord, mais bonne. D'une part, nous sentons que le bateau va bien, tout le monde profite du spectacle de mère Nature, et puis nous savons que pour aller faire ce que nous voulons aller faire dans quelques mois, il faut en passer par là. L'équipage, déjà amoureux du bateau avant, commence à vraiment comprendre ce qu'il a de spécial. Tellement dommage de ne pas avoir de vidéos prises de l'extérieur dans ces moments-là !

La nuit arrive et la lune devient notre meilleure amie. Nous avions déjà l'impression de foncer sur l'autoroute avec un 34 tonnes phares éteints, mais sans lune, ce serait phares éteints et à contresens !

Julia est à la barre : 22 ans, pompier volontaire, plombière et charpentière, elle travaille maintenant sur la rénovation énergétique des bâtiments. Julia, c'est l'un des marins que nous avons décidé de former au poste de numéro un, soit le poste le plus convoité de la plage avant. Un sang-froid à toute épreuve et une belle sensibilité qui font d'elle une bonne barreuse en devenir. Sans paniquer, mais avec une certaine dose d'incompréhension dans la voix, Julia me dit qu'elle n'a plus de barre, qu'elle ne sent plus rien.

« Quoi ? Mais non regarde, le bateau va bien, tu es au cap… — Euh… Non, non, je n'ai plus de barre… »

avec toujours ces points d'interrogation dans ses yeux, et ce calme… ! Je hurle : « *Toooom, wake up* ! » pour que mon second se réveille, et je me jette sur la barre franche. Preuve que le bateau est équilibré et que nous avions la bonne combinaison de voiles, le *VI* a tranquillement continué sa route, comme si de rien n'était !

Cette année, j'ai enfin la combinaison de compétences rêvée dans mon équipage pro : le Britannique Tom Napper qui est l'un des grands numéros un du circuit (numéro un à bord de JClass comme *Velsheda* ou *LionHeart*) et expert gréement. Il prend en charge la gestion et maintenance du pont, tandis que Kai Weeks, Suédois, lui aussi bon marin sur le pont, numéro un en Mod 70 notamment, est un bricoleur hors pair. De la mécanique à l'électricité, il faut qu'il comprenne tout, c'est son truc.

Kai se jette donc à l'arrière dans le lazaret, et constate que suite à la rupture de la chaîne, le câble de drosse de barre a dû être pincé dans le safran et sectionné. C'est l'ennui des bateaux en alu. On peut contrôler l'usure du textile, mais pas du métal. Vu son importance, le système est très régulièrement inspecté et remplacé ; Kai l'a encore fait lors de nos dernières navigations. Je donne la barre à Tom et pars à la table à cartes regarder quelles sont nos options de repli. La barre franche du *VI* est lourde car en accès direct au safran, on ne pourra pas rester *ad vitam aeternam* sous cette configuration, ne serait-ce que parce qu'elle demande deux personnes en permanence, dont Tom ou moi.

Les Bermudes. Notre seule option. Nous abattons et mettons le cap dessus. Kai me dit pouvoir réparer – nous avons les pièces qu'il faut – mais il va mettre un moment. Dans ma tête, New York, c'est fini. Réparer une barre en mer, dans ces conditions, c'est quasiment mission impossible. Il faut démonter la barre à roue, repasser la chaîne, se battre dans de la graisse à l'arrière du bateau qui est très étroit, et surtout remplacer puis reconnecter la drosse de la barre à roue alors que la barre franche est en cours d'utilisation. Le tout dans 40 nœuds, et nous sommes toujours de nuit.

Seulement, l'équipage, lui, veut aller à New York, et les mecs (et les mecs, les gars, ce sont bien les gars et les filles, il n'y a juste pas de genre à bord, point !) sont passés en mode *warrior*. Ils ne lâcheront rien. Ils réparent la barre, en moins d'une heure trente. Honnêtement, je n'y croyais pas ! Tous se sont transcendés et il n'y a pas eu une minute d'hésitation ! On repart et pis c'est tout.

Avant de relofer, je demande à Tom de prendre un moment pour faire un check total du pont. Drisses, haubans, bastaques, voiles, amures, écoutes, chariots, tout est en ordre.

Cette casse provoque chez moi la deuxième alarme, alors je lui demande : « On peut aller aux Bermudes. On peut aussi continuer. Je ne prendrai la décision de continuer que si je suis sûre que tu es à 100 %

d'accord avec cette décision. » Sa tasse de thé à la main, mon Anglais répond : « *Bloody hell yeah, let's do it!* » OK. On relofe et le bateau repart au combat. Il était beau ce moment. Ces quelques heures ont marqué le groupe, un truc s'est passé, un truc magnifique. Une volonté commune de tout un groupe qui sans se concerter va dans la même direction, avec le même objectif, sans même que je leur demande. Exactement l'état d'esprit que nous recherchons pour le tour du monde : une motivation sans faille.

Trois heures passent. Toujours le vent au taquet, toujours les mêmes murs d'eau qui nous arrivent dessus, et nous au milieu de tout ça… Chacun de nous a dû se dire à un moment que nous étions des grands malades : pas d'y être mais de prendre du plaisir à y être… Manger est une mission (la cook est peut-être la plus cinglée de nous : réussir à nous sortir des plats chauds et équilibrés pour douze dans ces conditions, respect !). Aller dans sa bannette, dormir ? Une mission. Aller aux toilettes ? Rien que pour se déshabiller, il faut dix minutes en s'éclatant la gueule contre les parois, alors bon… !

C'est aussi ça qui est bon, on relativise le luxe. Pour nous, le vrai luxe, ce sont les choses simples. Une douche chaude, un lit qui ne bouge pas, avoir chaud, manger sans avoir à bien calculer le chemin de la fourchette de l'assiette à la bouche…

Simon est à la barre, Tom est sur le pont, tandis que j'essaie de fermer les yeux une heure. « J'ai plus de barre ! » Tom ressaute sur la barre franche avec

Simon. Kai inspecte : la chaîne a relâché. Troisième alarme. Probablement fragilisé par la première rupture, un maillon a cédé. Nous avons ce qu'il faut pour réparer, mais ça va prendre du temps. Tom va se reposer afin de prendre ma relève un peu plus tard. Je me colle à la barre avec Julia, puis Mathys qui vient la relayer.

Cette fois-ci, nous restons au près, sur la trajectoire. Devant, je donne l'ordre, et eux collent leur avant-bras au mien pour harmoniser notre mouvement. « Pousse, tire, bon angle, barre au centre, pousse un peu, pas plus, tiiiiiiire ! » Et pendant deux heures et demie, nous dévalons les montagnes sous barre franche tandis que Super Kai aidé par le reste de l'équipage répare. Alors que nous récupérons notre barre à roue, je colle Mathys à la barre et descends. Je ne sers plus à rien. Il me faut mes deux mains pour boire un verre d'eau. Mes épaules, mes mains, mes bras ne répondent plus. Le virement pour rester dans la bonne veine de courant approche, mais je ne peux plus prendre de décision, on continue sur ce bord et je pars dormir deux petites heures.

Au réveil, je reprends un fichier météo… Une nouvelle dépression se forme sur New York et prend de l'avance. L'alarme de trop. Oui, nous pouvons tenter le virement et voir si ça le fait sur l'autre amure, et ainsi sortir du courant pour rallier NYC. Mais rien que de penser au virement… et affronter ces vagues sous l'autre amure… ça va être pire que ce que nous venons de faire. Si tout se passe bien, nous arriverons avant la dépression.

Sauf que le bateau m'a fait signe deux fois. Et que deux autres événements ont fait sonner l'alarme. Si je casse quelque chose, ma seule option est de rejoindre les Bermudes. Si je tente New York et qu'un événement nous oblige à rejoindre un abri, nous n'arriverons plus à temps aux Bermudes qui sont quand même à deux jours de mer. La dépression nous rattrapera avec un bateau qui ne sera par définition pas à 100 % de son potentiel.

Il ne me faut que quelques minutes de concertation avec Tom pour prendre la décision, ou plutôt pour m'avouer la décision, car elle est prise depuis longtemps, mais dure à prononcer : nous devons abattre dès maintenant pour les Bermudes. C'est ce qu'il y a de plus *safe*. Nous avons tous envie d'aller à New York, surtout d'y arriver avec *Pen Duick VI*... Tous envie d'aller y célébrer ce bateau d'autant que pas mal de monde nous y attend. Seulement ce n'est pas le moment. L'objectif était de préparer l'équipage au gros temps, et ça, c'est fait. Alors, nous abattons et l'équipage ne me laisse pas le temps d'avoir peur de les décevoir, ils soutiennent la décision quelle qu'elle soit.

Nous nous serons battus jusqu'au bout, avec fougue et bravoure, mais nous devons nous rendre, alors, faisons-le avec fierté, et avec panache. Nous n'étions qu'à 240 milles de New York, trente-six heures de mer… mais le Gulf Stream a fait rempart, comme une muraille.

Nous avons voulu jouer, nous n'avons pas gagné, mais nous n'avons pas perdu. Nous y avons mis du cœur, de la joie et de l'enthousiasme, beaucoup d'efforts : il n'empêche, certaines fois, il arrive que l'on ne fasse pas ce que l'on veut. En bateau, on sait quand on part, jamais quand on arrive. On n'est pas non plus sûr de la destination finale…

Nous sommes maintenant au portant dans 30 nœuds, avec un bateau et un équipage en bon état, pour rejoindre un archipel mythique. Et nous sommes heureux. En plus d'avoir coché une sérieuse ligne pour notre entraînement tour du monde, nous venons de vivre une belle histoire d'hommes et de bateau, nous venons de voir l'océan comme peu de gens ont la chance de le voir et ça, ça n'a pas de prix.

De quelque part dans le triangle des Bermudes,
Ma(o)rie, *Pen Duick VI* et son valeureux équipage

Durant ces mois d'entraînement, un autre de mes messages de bord a connu un retentissement inattendu. Le 5 février 2023, j'ai réagi à chaud à la nouvelle qui agitait tout le milieu : trois jours plus tôt, Clarisse Crémer, douzième du dernier Vendée Globe, avait annoncé sur Facebook que son sponsor Banque Populaire l'abandonnait, un an et demi avant le départ aux Sables-d'Olonne. Un choix provoqué selon elle par sa maternité.

Lorsque j'écris ces mots, je ne fais que répondre à une pulsion, un cri du cœur, une grosse envie d'écrire sur un sujet qui me touche. Je suis aux Antilles, l'équipage est à terre, je suis seule dans le bateau, de garde. Le papier sort tout seul, mes Volon'Terre, dont l'avis m'est si important, le lisent et le soutiennent. Mais dès qu'il est diffusé, je vois le nombre de like, commentaires et partages qui explose. Je n'avais pas du tout imaginé que mes mots puissent voler aussi loin… Sur le moment ça me fait peur, je ferme mon ordinateur et retourne dans le monde réel.

Cet incident, qui ne représente en rien les trente années de présence de Banque Populaire au plus haut niveau de la voile transocéanique, révèle quelque chose de plus profond. Un vrai ras-le-bol. Je ne pense pas qu'il y ait de problème de machisme dans la voile. Pas plus qu'ailleurs. Pas plus qu'en France. Est-ce qu'il y a un problème d'égalité hommes-femmes en France ? Oui. Clairement.

Je ne suis pas inscrite au Vendée Globe 2024, ni mère… Mais le problème est tellement plus vaste que la maternité dans la voile.

Trente-huit ans. Il m'aura fallu trente-huit ans pour comprendre, et commencer à mesurer l'ampleur du problème.

Tellement obsédée par le problème d'être la « fille de » que je ne voyais même pas le problème d'être une femme dans la voile.

Je pensais que si une femme voulait naviguer, elle naviguait. Nous avons tellement de caractère, tellement de volonté, que si nous voulons quelque chose, nous l'obtenons. Au pire, nous déplacerons deux, trois montagnes, mais nous l'aurons.

Aveugle. J'étais aveugle et sourde. Depuis quelques années, j'ai commencé à ouvrir les écoutilles, les autres femmes sont venues me raconter leur parcours, et j'ai aussi ouvert les yeux sur ma propre expérience.

À 38 ans, je suis capitaine d'un maxi de 22 mètres, et d'un équipage de vingt-cinq personnes. Lorsque j'étais dans l'arc antillais pour aller courir la Caribbean 600, deux fois sur trois, lors des contrôles de la douane, je devais convaincre l'agent que j'étais bien la capitaine, et la propriétaire. Idem en métropole. Entendu dans les salons parisiens : « Vous êtes capitaine, ah c'est bien… Mais qui est réellement en charge à bord ? » En général, un lance-flammes sort alors de mes yeux.

J'ai arrêté de compter les blagues de certains fournisseurs, qui clairement n'auraient jamais eu ce type d'attitude avec un homme de 50 ans. Mais ça, j'y suis habituée : le monde du cheval n'est pas plus tendre avec nous.

Tellement d'anecdotes me reviennent en mémoire.

Une amie skipper et chef de projet, qui doit venir accompagnée d'un homme lors des rendez-vous pour présenter la partie financière de ses projets qu'elle a elle-même calculée, rédigée.

Une autre qui se fait embaucher grâce à ses grandes compétences pour être le leader d'un team coupe de l'America femme (déjà, une coupe « femmes »...) et qui est payée 8 000 euros pour cinquante jours de navigation... Cela fait 160 euros par jour. Le tarif d'un marin professionnel sur une régate est en moyenne de 500 euros par jour, parfois plus, parfois moins en fonction du niveau du marin, de la régate et des moyens de l'employeur. Avec ce tarif journalier, elle ne peut pas vivre, elle ne rentre presque pas dans ses frais. Et puis mince, à son âge et au niveau qui est le sien, hors de question de se faire payer comme une débutante. À ses remarques, elle se voit répondre, par une femme de surcroît : « Tu comprends que l'on ne peut pas te payer comme l'on paierait un marin pro homme. » A priori mon amie n'a pas compris : elle est allée naviguer en multicoque pour un autre team.

Et bien sûr le fameux : « Non, je ne prends pas de femme pour ne pas distraire les garçons de mon équipage », entendu par l'une de mes équipières qui voulait courir une Sydney Hobart...

Pour les médias, nous devons sourire, être belles, lumineuses, ouvertes, rayonnantes, de vraies bulles de champagne. Francis Joyon ou Yves Le Blevec, eux, ont le droit d'avoir de « vraies gueules de marins burinées par le vent ». Pourtant, nous sommes tous marins, avec donc un ADN commun et souvent un foutu caractère. Mais c'est aussi ce qui fait que nous allons courir sur l'eau, que nous avons la force de revenir à terre monter des projets, pourquoi pas même de créer une famille et repartir.

Alors les femmes sont utilisées, pour des coups marketing, pour leur « fraîcheur ». Je ne parle même pas des milieux où le corps des athlètes est exposé, comme le surf, et où les sponsors préfèrent la « beauté » aux performances.

Pourtant, que c'est beau la voile… Car c'est un art, en plus d'être un sport, et il y a tant de façons de le vivre et de le raconter. C'est une communauté forte, soudée, que ce soit parmi les coureurs, les professionnels de la mer, ou les personnes qui voyagent autour du monde. Coureur au large est un métier magnifique, d'une rare complexité, d'une grande richesse, pétri de valeurs humaines, d'élégance, de solidarité, de culture et d'histoires, de codes, et surtout de transmission. Il y a autant de façons de naviguer que de marins, et tellement d'océans à parcourir.

Mais voilà le cœur du problème : pour naviguer, et encore plus pour performer, il nous faut bénéficier du financement des partenaires. Et là… hommes et femmes sont différents. Prenons l'exemple d'une annonce de recrutement : s'il y a un critère demandé que la femme postulante ne remplit pas, elle ne présentera pas son CV. Un homme, lui, postulera sans hésiter. Idem quand il s'agit de vendre nos projets. Je parlais au début de notre ténacité. Mais heureusement que nous sommes tenaces ! Car pourquoi est-ce que la recherche de partenaires doit être plus dure pour nous ? Pourquoi ne pouvons-nous pas être prises au sérieux comme les hommes, avec nos différences ? Pourquoi tout doit-il toujours être plus compliqué ?

L'époque évolue, le public a soif de récits, d'authenticité, de valeurs fortes, de contenu auxquels il peut s'identifier et dont il peut retirer un enseignement, et non pas d'histoires fabriquées. Pas de performance à tout prix, mais d'humanité.

Parce qu'avant toute chose, la voile est une histoire d'hommes et de bateaux. Et par hommes, j'entends tous les êtres humains qui composent l'équipe : partenaires, équipe technique, amis, famille, supporters anonymes… C'est un sport collectif, solidaire.

Bref, le « Clarisse Gate » n'est que la partie émergée de l'iceberg, il est évident que les femmes ne sont clairement pas au même niveau que les hommes dans notre société. Je pensais que ce combat avait avancé, mais le signal envoyé par cet événement est dramatique.

Printemps 2023, Lorient.

Nous rentrons de notre campagne hivernale.

Chaque fois j'espère arriver sur la pointe des pieds pour avoir la paix quelques jours, le temps d'atterrir… Et bien sûr je n'y arrive jamais, les nouvelles vont beaucoup trop vite de nos jours ! Nous sommes rentrés début avril des Açores sous la tempête Mathys avec un petit run au portant dans 50 nœuds de vent, une nouvelle rupture de barre de nuit, sous spi dans 25 nœuds, et un magnifique lever de soleil sur Groix pour nous accueillir après quatre mois de mer.

Timing impeccable pour fêter les dix ans de la Cité de la voile, le départ de la goélette *Tara*, et voir le funambule Nathan Paulin marcher dans le ciel. Pour une arrivée discrète, on a vu mieux !

Le bilan de la campagne hivernale est bon, nous gagnons la transat du RORC chez les Maxi Classique, nous avons fini deuxièmes de la Nelson Cup, puis septièmes de la Caribbean 600 : le bateau a navigué très proprement, nous avons développé la mise en place des réflexes et la cohésion d'équipage, et nos futurs concurrents sur l'Ocean Globe Race, *L'Esprit d'équipe* est derrière au classement. On a beau être copains, on préfère ce classement que l'inverse !

Nous avons tous beaucoup appris et pris beaucoup de plaisir à faire naviguer ce beau bateau.

Surtout, une fois à quai, *Pen Duick VI* a connu, une fois de plus, un grand succès auprès des autres coureurs français et étrangers, venus en masse le découvrir et le visiter. Sur le plan d'eau, on doit nous repérer de loin au milieu de toutes ces luges en carbone !

Quant à l'équipage, l'objectif était surtout de l'entraîner et vu leurs progrès, je suis satisfaite. Et en ce qui concerne l'ambiance, force est d'admettre que l'équipe des Volon'Terre partage un même trait de caractère : à bord, ça tire à balles réelles ! La chambrette est le sport national, la moindre occasion est prise, la première bordée avait du répondant, la deuxième est tout aussi affûtée. C'est à se demander qui a fait le recrutement…

L'équipage est jeune – même si le doyen a 55 ans : la moyenne d'âge tourne autour de 28 ans, beaucoup ayant entre 22 et 26 ans. Il faut leur laisser l'occasion de s'exprimer, de lâcher, d'être créatifs, à la seule condition qu'en quelques secondes, ils puissent switcher et se reconcentrer à 150 % sur le bateau. Comme je le dis souvent, et le leur rappelle tous les jours, ce bateau ne supporte pas l'amateurisme. *Pen Duick VI* est pare-balles, mais le défaut de cette qualité est que si quelque chose casse, ce sera d'une violence inouïe tellement la force accumulée est grande. Les systèmes sont vieux, éprouvés, mais dangereux. Il n'y a qu'à voir la tête des poupées de winch de yankee pour se dire que choquer une écoute (de yankee ou de spi) alors qu'elle est chargée avec quelques tonnes de tension, c'est un brin engagé.

Après cette grande boucle hivernale, j'ai aussi une vision plus claire sur la bonne configuration de voiles pour le Grand Sud, une configuration sans prise de risque mais quand même performante. Petite précision, le règlement de l'OGR impose aux ketchs un maximum de treize voiles pour les huit mois de tour du monde. Je peux donc maintenant me mettre à dessiner le jeu de voiles dont je rêve pour *Pen Duick VI.*

Tirer sur le bateau ne veut pas dire surtoiler, au contraire, le secret est même de réduire sans hésiter dès que le vent monte. Il aime gîter, il n'aime pas être chargé. En revanche, être au maximum de chaque réglage, de chaque combinaison de voiles, tirer le maximum du potentiel du bateau tout le temps, à chaque vague, c'est un autre exercice. Il faut donc avoir un jeu de voiles solide, polyvalent, performant et tolérant. Pour créer ce jeu de voiles, j'ai fait appel à cette légende qu'est Victor Tonnerre, l'un des derniers que l'on peut appeler « maître voilier ». Victor a dessiné toutes les voiles des bateaux de mon père conjointement avec la voilerie Incidence. Il a su écouter ma façon de faire pour dessiner notre nouvelle garde-robe.

Il nous a fallu faire des choix car, habituellement, seize voiles habillent *Pen Duick VI*. Deux voiles sont nouvelles, totalement créées pour l'occasion. Deux voiles de portant dans de la brise qui, je l'espère, stabiliseront le bateau afin d'aller vite et en ligne droite.

La seule mauvaise nouvelle de l'hiver vient de la terre : la Bretagne subit de plein fouet une dépression hivernale. Nous apprenons que *Futuro*, le bateau de Dominique Dubois, qui était à sec et calé sur des bers, est tombé des bers. Tout le bordé bâbord est démoli, le mât cassé, et il y a un trou dans la coque derrière le bateau... *Futuro* ne peut pas être réparé. Nous en avons la nausée à bord. En plus d'imaginer la peine de Dominique qui voit son rêve s'éloigner, nous connaissons cette place à terre : cela aurait pu être nous. Je sais Dominique tenace. Il va devoir réaliser une opération commando pour être au départ de l'OGR et pourtant je n'ai aucun doute : il sera bien avec nous.

Se déroule ensuite la routine printanière, en attendant le grand départ du mois d'août.

Il est temps de sortir le bateau de l'eau, sauter dans le train pour Paris, passer des heures au bureau, re-sauter dans un train pour Paris, enchaîner les visios, les tableaux Excel, dessiner les voiles du *VI* avec Incidences, retourner à Paris, faire des *jobs lists*, des *to do lists*, des *crew lists*, des rétroplannings, remettre le *VI* à l'eau, s'apercevoir que le réglage du safran n'est pas comme on voudrait, naviguer quand même, commencer à reconnaître tous les contrôleurs de la ligne Quimper-Paris, faire naviguer les enfants de l'hôpital parisien Robert-Debré, refaire des allers-retours Paris-Quimper, ressortir le *VI* de l'eau pour travailler sur le safran, faire des formations météo, des formations sextant, trouver un nouveau grand sponsor, fêter sa première semaine sans aller à Paris, remettre le bateau à l'eau et décider de le resortir car le safran n'est toujours pas comme on voudrait, se rendre compte que l'on n'aura pas le temps de prendre une semaine de vacances avant le grand départ, se perdre dans les listes et avoir des insomnies en pensant à tous ces petits détails logistiques que demande un tour du monde, remettre le bateau à l'eau… Victoire, le safran est parfait !

Les quatre mois à terre sont passés en un éclair. Nos nouvelles voiles viennent de nous être livrées par Incidences. Premiers essais en mer, en un mot : ça va nous changer la vie ! La suite, c'est aussi l'organisation du départ, car il faut bien fêter les 50 ans de ce bateau.

Le 22 août, je réunis tous ceux qui ont navigué en 1973, 1977 et 1981. Une journée mémorable, ou les anciens ont pu rencontrer le nouvel équipage, un beau moment d'échange. C'est la fête : nos anniversaires, celui de *Pen Duick VI* et le mien, et surtout la fin de deux ans de préparation pour courir l'Ocean Globe Race. Comme n'importe quel sportif, chef d'entreprise ou personne voulant relever un défi, toujours célébrer chaque étape dans la création d'un projet, même si c'est en tête à tête avec soi-même. Ces projets sont tellement grands et compliqués qu'il faut marquer le coup.

Alors pour remercier mes amis, nos partenaires, et marquer le coup, j'organise avec mon ami JoeyStarr un *food system* : cinq chefs viennent nous régaler, avant que JoeyStarr et le grand Cut Killer nous offrent un *sound system*. La nuit est belle, longue, pleine de joie, parfaite. Certains chefs comme l'ami Éric Ospital ne nous laisseront pas partir sans un bout de chez eux à bord : nous penserons à lui tous les jours en nous régalant de magnifiques jambons sur os pendant les deux premières étapes !

Il ne nous reste plus que deux grosses semaines d'attente avant de pouvoir galoper autour du monde, revivre notre vie de marin, et laisser derrière nous ces trois années passionnantes, difficiles, remplies – comme tout projet – de hauts et de bas.

8

Pen Duick VI, en route pour son quatrième tour du monde

23 août 2023.

Curieusement, je ne ressens pas grand-chose au départ de Lorient. Probablement encore un peu saoule de la veille – soyons honnêtes – et surtout car je n'ai pas l'impression de partir sur un tour du monde, mais simplement en convoyage vers une destination connue. Je vis dans le moment présent, et pour l'instant nous ne partons qu'en Angleterre.

Sur le quai, il y a des amis – beaucoup –, des partenaires, j'essaye d'abréger le moment. Je ne suis jamais à l'aise dans ces moments-là, ni aux départs ni aux arrivées. Je n'aime pas quand les gens ont de l'attente, ni la pression de rendre ce moment fort et important. Les minutes paraissent très longues. Alors, après un discours très rapide, deux amis coupent symboliquement les aussières de *Pen Duick VI* et nous partons, enfin.

Comme à notre habitude, nous hissons l'artimon et la grand-voile en même temps devant l'entrée de la base sous-marine, puis nous mettons sous tension la bastaque tribord et pointons l'étrave vers le large. Il fait beau, un léger filet d'air nous permet d'avancer.

Nous hissons une de nos nouvelles voiles, le woomper, sorte de gennaker / code 5, une voile qui nous permet d'avancer lorsque nous sommes à 125 degrés du vent. L'équipage s'affaire devant ; je suis seule avec ma barre. Au fond de moi, je me dis que si tout se passe bien, nous ne reviendrons pas dans ces passes avant une année, et ça me rend heureuse.

Je suis épuisée. Les dernières quarante-huit heures, avec l'organisation de ce départ, m'ont achevée.

Premier soir, nous nous arrêtons à Bénodet, puis deuxième soir à Brest. Nous profitons du bateau en mode *cruising*, nous ne sommes pas pressés. Au fur et à mesure, les nerfs lâchent, mon visage se creuse, mes bras sont lourds, je commence à réaliser que nous serons au départ. Débute alors une période mi-figue mi-raisin, où les amis pensent que nous sommes partis alors que nous sommes toujours joignables, où nous sommes à la fois proches et loin. Entre deux eaux.

Le téléphone se calme, les mails aussi, le silence et la paix, enfin…

Pen Duick VI, en route pour son quatrième tour…

27 août 2023. Southampton, Angleterre.

Nous y voilà donc.

Nous sommes arrivés dans le port anglais parmi les premiers. *Evrika*, le nouveau Swan 65 de Dominique Dubois, est là. Il a réussi son pari fou, sa course contre la montre. Il a racheté un bateau, en bon état, prêt à partir. Et en plus il y a mis du style : *Evrika* a appartenu à Richard Wright, le claviériste des Pink Floyd ! Quatre ou cinq bateaux sont à quai, dont *White Shadow*, *Godspeed*, *Spirit of Helsinki*. *Maiden* est un peu plus loin. Nous sommes amarrés au ponton principal, dans une marina déserte et silencieuse qui ressemble à tout sauf à une marina qui va abriter un départ de course tour du monde. Quand on est habitué aux immenses villages départ d'une Route du Rhum ou d'un Vendée Globe, ça fait un peu bizarre. Vivement que les autres bateaux arrivent, que l'ambiance décolle !

Ces quinze jours d'attente forment une période un peu particulière, un moment auquel je ne m'attendais pas. Nous recréons une atmosphère de village, entre nous.

À bord de *Pen Duick VI*, nous ne sommes que quatre ou cinq, avec pas grand-chose à faire : le bateau est prêt. Pour d'autres, c'est un peu plus la course, notamment pour les Américains de *Godspeed*. Leur équipage est composé de vétérans de l'armée, voulant mettre en lumière le syndrome du stress post-traumatique. Peu sont marins, par contre ils peuvent survivre à peu près à n'importe quoi dans n'importe quelle condition. Ils viennent essentiellement du Texas, et en montrent tous les clichés. Bières à toute heure, musique country à fond, ça parle fort, et des quantités impressionnantes de *peanut butter* sont prêtes à embarquer. Comme j'ai eu la chance de vivre deux longs séjours aux États-Unis, au Montana et au Kentucky, et que j'y ai un peu fréquenté le milieu militaire, j'appréhende facilement leur univers, et la conversation s'engage rapidement.

Ils sont très impressionnés par *Pen Duick VI*, par le niveau de préparation et la sérénité de l'équipage. Nous leur ouvrons nos boîtes à outils ainsi que l'atelier du *VI*. Clairement, ils ont un bateau avec lequel je n'irais pas faire le tour de l'île de Wight, et nous nous inquiétons un peu de leur sécurité. Mais ils sont tellement sympas et veulent si bien faire que les autres bateaux leur filent des coups de main avec plaisir.

Un autre bateau arrive bientôt, les Italiens de *Translated 9*.

Nous nous sommes croisés sur l'Atlantique, ils nous avaient laissé un mot à Horta chez Peter, nous sachant en partance des Bermudes pour les Açores. En partant de Lorient, je ne connaissais pas vraiment mes adversaires, à l'exception de *Maiden* et de *L'Esprit d'équipe*. En voyant *Translated 9*, je comprends que j'en ai un de plus, et un sérieux.

Pen Duick VI*, en route pour son quatrième tour…*

Le bateau a l'air très léger, l'équipage est jeune, je repère d'emblée un homme aux cheveux gris, un félin avec un charisme fou qui ne dit pas grand-chose mais qui voit tout. Il n'est pas aux manettes, pourtant l'équipage le guette en permanence. Toujours se méfier de ceux-là, en général, ce sont des bons.

On se croise du regard, *Translated 9* vient de se mettre à couple de *Pen Duick VI*.

Je ne le sais pas encore mais ces Italiens seront ma plus belle histoire, la plus belle rencontre de cette course.

Comme à mon habitude, je m'éclipse rapidement, toujours un peu timide, tendance sauvage, je ne sais pas sociabiliser vite. Je fais quelques recherches : cet homme, c'est Vittorio Malingri, premier Italien à avoir couru le Vendée Globe. Son père et son oncle ont couru la première Whitbread face à mon père. C'est le père de Vittorio qui lui a appris à naviguer, en même temps que Giovanni Soldini qui a, lui aussi, un CV prestigieux. Vittorio et Giovanni ont navigué des années ensemble, faisant les quatre cents coups en Méditerranée entre autres. Vu le caractère des deux lascars, c'est un miracle qu'ils aient traversé l'adolescence en un seul morceau. Eux, c'est clairement de l'eau de mer qu'ils ont dans les veines !

Les Malingri sont aussi réputés pour être d'excellents techniciens, de la construction à la préparation : nul doute que le bateau a été optimisé aux petits oignons.

À la barre du bateau, le brun ténébreux c'était donc Nico, le fils de Vittorio. Mince, en plus ils font ça en famille ! Si le fils est aussi bon que le père, ça va vraiment nous compliquer la tâche. Patientons quelques jours pour voir qui ils sont. Ne pas crier avant d'avoir mal.

Nos oreilles, elles, vont avoir mal. Dès le lendemain, le volume sonore entre les Italiens d'un côté et les Texans de l'autre est surréaliste. L'ambiance est très drôle ; tout le monde se découvre. Une fois les bateaux amarrés, la grande majorité des équipages partent, ne reste à bord que le noyau dur, capitaine et second plus quelques marins en général.

Et comme il n'y a absolument rien à faire à Southampton – soyons honnêtes, personne n'est jamais parti en voyage de noces à Southampton –, nous restons entre nous, à bord de nos bateaux.

Certains ont loué des appartements le temps de cette période de stand-by. Moi, je ne débarque jamais du *VI* malgré un appartement à disposition pas loin. Je n'arrive pas à laisser *Pen Duick*. J'y suis chez moi et j'aime être avec lui.

Chez nous, c'est assez détente, le bateau est prêt, nous en profitons pour nous reposer sans mettre de réveil pour le matin. Estelle, la chef cuistot sur cette étape, nous prépare deux repas par jour, et le reste de la flotte l'a bien compris…

Pen Duick VI, *en route pour son quatrième tour…*

Résultat, comme nous sommes le plus grand bateau, au centre des pontons, et avec de la bonne bouffe, à partir de 18 heures, c'est *happy hour* à bord, avec très souvent un bon gueuleton derrière.

Cela me fait plaisir, j'ai toujours aimé recevoir des gens chez moi, à terre ou à bord. Ils en profitent pour demander à visiter le bateau. Je ne me lasse jamais de voir l'émerveillement dans les yeux de celui qui visite les entrailles du *VI*.

Nous n'allons pas tous vivre cette course dans les mêmes conditions : les Swan sont des bateaux de croisière rapide, *Pen Duick VI*, *Neptune*, *Maiden* ou *L'Esprit d'équipe* des bateaux entièrement construits dans l'optique de la course et donc de conception et d'aménagements différents. Les époques de construction ne sont pas non plus les mêmes, alors les plans de pont sont très différents.

Pen Duick VI est le plus vieux de la flotte. À bord, la moindre manœuvre nous demande d'aller au milieu du pont, voire en plage avant. Nous sommes très exposés à la mer et aux embruns, alors qu'à bord de *L'Esprit d'équipe* ou des Swan, tout est beaucoup plus centralisé dans le cockpit arrière.

À bord d'*Evrika*, Dominique a préparé très sérieusement le côté technique, le bateau est sûr. Mais *Evrika* était un bateau de croisière, alors il a conservé le congélateur, le chauffage, la machine à laver. Son bateau est un bateau de copains et le tour sera convivial : il y a dans les cales une quantité impressionnante de pâté, de champagne, de Ricard, c'est annoncé et revendiqué, ce sera apéro tous les soirs tant qu'il n'y a pas plus de 20 nœuds de vent. *Evrika* va très rapidement mériter son surnom d'« EvRicard ».

À bord de *Maiden* dont l'équipage est entièrement féminin, ambiance « sous-marin ». Sans casquette, le bateau est ultra exposé. Les filles n'ont que très peu d'effets personnels, la place est limitée avec une hauteur sous barreau réduite. Les repas sont composés en très grande majorité de plats lyophilisés. Ce sera probablement à son bord que les conditions de vie seront les plus rudes.

Les marins de *L'Esprit d'équipe* fonctionnent eux en « bannette chaude », c'est-à-dire que le quart descendant s'installe dans la bannette, encore toute chaude, du quart montant. *Neptune*, dont le plan est signé de l'architecte naval André Mauric tout comme *Pen Duick VI*, sort tout juste d'un immense chantier de reconstruction. Deux légendes de la course au large dans les starting-blocks, ça me fait plaisir de les voir en si bon état. Heureusement que ce genre de courses existe : c'est grâce à elles que nous pouvons garder le patrimoine de la voile vivant.

Un peu plus loin sur les pontons, un autre grand Swan : les Finlandais de *Spirit of Helsinki*. Le bateau a l'air prêt, mais son mât et sa bôme carbone me posent question. L'organisateur l'a accepté tel quel, *so be it*. Je ne connais pas, et j'avoue que leur accent finlandais n'est pas facile à comprendre lorsqu'ils parlent anglais.

En face un autre Swan, encore, préparé par Sébastien Audigane. Le haut niveau de course au large – tour-du-mondiste. Double détenteur du Trophée Jules-Verne, il a navigué avec du résultat sur tout ce qui flotte, laser, dragon, Figaro, à bord de *Geronimo, Orange II*, *Idec*, Mod 70 avec *Maserati*. Seb Audigane, c'est sept tours du monde et un talent immense. À partir du moment où le bateau est étanche, tu sais qu'il l'emmènera d'un point A à un point B. Et puis Seb, c'est le marin, l'homme de mer, fait pour être sur l'eau. Des histoires et des anecdotes sur tout, tout le milieu de la course au large attend qu'il se décide à enfin écrire un livre.

Le bateau, lui, est loin d'être prêt. *Triana* a été acheté six mois avant la course, par un propriétaire qui s'est mis à rêver du tour du monde au dernier moment. Seb doit donc construire tout le projet… pour hier. Je me rassure en me disant que si lui y va, c'est qu'il sait qu'il peut le faire en sécurité. Mais ça ne va pas être reposant, la job list étant aussi grande que son expérience.

Galiana WithSecure est le bateau de Tapio Lehtinen, le deuxième Finlandais. Lui, il a le feu sacré. Il vient de faire la Golden Globe Race, la course rétro du Vendée Globe, et part à présent sur l'OGR, pour ensuite repartir sur la Golden

Globe Race. À se demander s'il aime être à terre. Il vient lui aussi de finir une course contre la montre : lors de la Fastnet 2023, Tapio a démâté, mais a trouvé les fonds pour racheter un mât et un gréement, et il est au rendez-vous dans le bassin de Southampton.

Face à eux, deux autres Swan : *Sterna* avec un équipage d'Afrique du Sud et *Outlaw*, venu d'Australie.

Lors de cette période de stand-by, nous voyons vite les équipages qui veulent courir pour gagner, et ceux qui veulent faire cette course pour l'aventure.

La flotte se divise en trois classes, dont tous les bateaux doivent avoir déjà couru la Whitbread : la classe Adventure pour ceux qui font de 47 à 56 pieds, la classe Sayula pour les 56 à 66 pieds, et la classe Flyer pour les autres. Dans chaque classe, un classement réel, un classement en temps compensé, ainsi qu'un classement overall temps réel (*line honor*) et overall temps compensé.

Le temps compensé est l'équivalent de ce qu'au golf ou au polo on appelle un handicap. Un jaugeur vient évaluer le bateau, en retire le poids, les différentes cotes, estime le poids de l'équipage, la hauteur des mâts, les matériaux utilisés, l'année de construction du bateau, la taille des voiles, etc. Tout cela est mis dans une équation que seuls les jaugeurs comprennent, et un coefficient de jauge en ressort. En fonction du nombre de jours passés en mer, nous devons donner ou prendre du temps aux autres. Par exemple, *Pen Duick VI* doit arriver trois jours avant *Translated 9* au Cap pour l'emporter face à eux en temps compensé, alors que nous ne devons arriver que onze heures avant *Spirit of Helsinki* pour l'emporter. Si sur certains bateaux, et dans la majorité des courses, ce type de calcul remet tout le monde à peu près sur un pied d'égalité, il se révèle assez discutable pour nous : la suite montrera que l'on court la majorité du temps dans les mêmes vitesses que *Translated 9*, soit en temps réel. *Pen Duick VI* n'a pas été construit pour entrer dans une jauge alors que les autres bateaux plus récents, oui. Visualisez la jauge comme une boîte, dans laquelle il faut tenir. Les autres bateaux connaissaient les dimensions de la boîte avant construction, le *VI*, lui, construit avant la boîte, dépasse de partout.

Alors comme avec notre rating de porte-avions, il nous faudrait partir la veille du départ pour espérer faire un classement, et que nous supposons qu'avec *Maiden* et *Translated 9*, cela va se jouer en temps réel, être le premier sur la ligne d'arrivée est le seul objectif de *Pen Duick VI*.

Pendant ces quinze jours, nous apprenons à nous connaître, partageons les expériences, nous nous filons des coups de main. Même si dans l'ensemble les bateaux sont prêts, ils sont nombreux à avoir encore quelques bricoles à faire à bord.

Les filles de *Maiden* sont un peu envieuses du confort de *Pen Duick VI.* Je comprends rapidement pourquoi en allant faire un tour à bord de *Maiden* ! J'étais amoureuse de mon bateau avant, mais en allant visiter les autres, je suis encore plus convaincue que sur aucun d'eux je ne voudrais faire le tour. Ce sont de bons bateaux, mais le *VI* et moi nous correspondons parfaitement.

L'amour, que voulez-vous...

Entre équipages, nous discutons beaucoup des règles de course, notamment de la problématique de la météo, un de nos grands sujets de discorde avec l'organisateur, avec lequel les rapports sont déjà houleux. Le départ approchant, nous espérons tous que cela va rapidement rentrer dans l'ordre.

Mais quand même. Quinze jours à Southampton, c'est long. Même Tom, Anglais pourtant, a failli sangloter quand nous avons appris, à seulement six mois du coup de canon, que le port de départ serait Southampton... Nous tournons cet isolement en ridicule et cela nous permet de créer des liens très forts entre nous.

Vittorio, Nico et moi nous sommes très vite rapprochés. Comment ai-je pu ne pas les connaître pendant si longtemps ? Plus on s'aime, plus on se charrie. Nous savons que nous allons être amis à terre et ennemis sur l'eau. Nous sommes des compétiteurs. On a beau savoir qu'il ne faut pas vendre la peau des bœufs avant d'avoir mis Perrette dans son beurrier, on ne peut pas éviter de se chambrer. Ça se taquine, se chatouille, l'intox a commencé. Et c'est tellement facile de faire courir un Italien… Nico essaie de me faire croire des trucs sur leur bateau, Vittorio a la même méthode, on se toise, on se renifle, on se jauge. Il s'avère que c'est aussi facile de faire courir une Marie…

Nous profitons des soirées pour souder la flotte, type *afterwork* puissance 10.

Première à bord de *Pen Duick VI*, boule à facettes, cocktails, bonne ambiance. Retour de flamme à bord de *Translated 9*, Nico organise une pasta party pour soixante-dix personnes. La ligne de flottaison du Swan disparaît sous l'eau. Six kilos cinq de pâtes cuites *al dente*, avec trois sauces différentes qui respirent l'Italie, le tout préparé dans une cuisine de bateau. OK. Un point pour eux, même sur ce sujet on se met déjà en compétition.

Sur la grande majorité des bateaux il y a des instruments de musique, quelques bœufs sont improvisés, ça va swinguer sur l'eau. Enfin… Ça, c'est le projet. En réalité, rares sont ceux qui ne finissent pas avec leur harmonica au milieu de la gorge.

La Coupe du monde de rugby vient de commencer, une soirée équipage s'organise à l'improviste dans un pub anglais pour vivre ensemble le France-Nouvelle-Zélande.

Nous sommes le 8 septembre, dans quarante-huit heures nous serons en mer, et tout le monde y pense. Chacun bosse la météo, depuis trois jours nous faisons tourner les routages tant que nous le pouvons encore.

Lors de la présentation des équipages sur scène, chaque bateau présente son team, son bateau, dit son objectif. Après une provocation des Italiens, je regarde Vitto et Nico droit dans les yeux et lance : « *Well obviously I have the best boat in the world, the best crew in the world, so guys guess what*, Maiden, Translated 9 *: I'm going to be your worst nightmare!* », avec un grand sourire. Boooum ! Mon équipage hurle au défi, la flotte répond, *T9* est tout sourire, les duels sont lancés et assumés !

Maintenant que nous avons un peu appris à nous connaître, nous commençons à deviner comment l'autre va naviguer. Nous devenons impatients, nous voulons savoir qui a le bateau le plus rapide, qui sait vraiment l'employer, qui saura aller trouver le maximum du potentiel de son équipage… Au port, nous sommes tous champions du monde, et derrière un verre, il est facile de parler. Maintenant, libérez-nous !

10 septembre 2023.

Jour du départ, mon équipage est serein.

Certains ont de la famille sur le quai ; c'est un peu plus dur pour eux, ils tentent de cacher leurs joues humides mais leurs yeux les trahissent. Tous sont dans la joie et heureux d'enfin pouvoir aller galoper sur l'Atlantique. L'ordre de départ est donné par l'organisateur : nous serons les derniers à quitter le quai. Treize bateaux à faire partir, le moteur est en chauffe depuis un moment, depuis même beaucoup trop longtemps. Je l'ai allumé bien trop en avance, trop pressée de partir. Mais je n'en peux plus, je fais les cent pas sur le pont. Nous saluons chaque bateau, certains comme *Galiana WithSecure* appareillent en blazers, d'autres comme *Evrika* ont un fan-club de copains à terre qui chantent des chansons, les filles de *Maiden* sont tout sourire, Tracy Edwards a la larme à l'œil dans le semi-rigide qui les accompagne.

Translated 9 décolle, nous les saluons comme dans le monde des classiques. Tous mes guerriers sont en rang le long du bordé, face à *T9*, et je crie :

« Hey hey ! De *Pen Duick VI* pour *Translated 9* » suivi de trois « hip hip hop », suivi du « hey » de l'équipage, levant les bras et applaudissant *T9*.

L'attente est d'autant plus longue maintenant que *T9* est parti, je suis encore à quai alors qu'eux doivent être en train de hisser une grand-voile. Je piaffe. Enfin, c'est notre tour. L'organisateur nous autorise à quitter le quai.

See you guys, ne faites pas de bêtises en notre absence, pendant quarante jours nous allons être entre nous, sans nouvelles de la terre.

Je ne ressens pas le vide du départ. Je suis pleinement dans le moment présent, et pour l'instant, il y a beaucoup de bateaux autour de nous, de la vie partout.

La météo est instable, un temps anglais. Il fait beau, il pleut. Il pleut, il fait beau. Le vent est à peu près stable, sauf bien sûr lors des grains. Sur le grand étai est gréé le yankee 1 que nous envoyons dès que possible.

L'équipage n'a pas navigué depuis deux semaines, alors après une vérification de l'intérieur pour être sûrs que rien ne volera au premier virement, nous commençons les manœuvres.

Les premières sont un peu l'équivalent des gammes pour les pianistes. Chacun trouve son poste, et ensemble, l'équipage doit développer des automatismes. Même s'ils ont tous navigué à bord, seuls 70 % d'entre eux ont navigué ensemble. Il faut donc que la cohésion se fasse, et cela vient rapidement.

Comme chaque fois, il est urgent de prendre du temps, de ne pas aller trop vite. Perdre du temps sur les premières manœuvres, les faire lentement permettra d'en gagner par la suite. Le bateau glisse bien et nous nous retrouvons, par un heureux hasard qui n'en est pas un, à faire un premier *speed test* bord à bord avec *Translated 9*. L'équipage est sur les réglages, de temps à autre un peu distrait par un bateau accompagnateur venant nous saluer et nous encourageant. Certains ont des proches à leur bord, je suis heureuse de n'avoir personne, cela fait longtemps que ma tête est partie et je préfère être concentrée sur la course plutôt que de m'éparpiller avec eux.

La ligne de départ se franchit sous spi. Je me fous complètement d'être première sur la ligne, ce n'est pas sur un départ que l'on gagne une manche de course océanique. Et puis, aussi au près, on peut venir taquiner les autres, mais sous spi avec nos tangons de 70 kilos, sans connaître la flotte et sans enjeu majeur, aucun intérêt.

Coup de canon. Nous galopons enfin tous dans la même direction, l'idée étant d'avancer le plus possible pour ne pas se prendre la renverse dans le nez.

À peine lancé, Tom court vers moi avec un grand sourire et me serre dans ses bras : « *We've made it! We are officially racing a race around the world!* »

C'est vrai. C'est fait. C'est notre première victoire : *Pen Duick VI* a pris le départ de sa quatrième course autour du monde.

Le vent est censé mollir un peu donc il ne faut pas traîner. Avec la courbe du Solent, l'angle du vent change et se resserre. Du spi reacher nous basculons sous woomper, puis voiles plates, yankee 1, trinquette légère.

Très vite, *Maiden*, *Transladed 9* et *Pen Duick VI* prennent les commandes de la course. Se rajoute *Spirit of Helsinki* grâce à son excellente vitesse.

Derrière, ça se tire la bourre sévère, la course est lancée. Nous passons les fameux Needles, puis attaquons la Manche dans un vent qui commence à forcir, le tout sublimé par une bonne drache anglaise. Je définis les quarts : Tom sera avec Éloïse et Ondrej, Kai avec Anne et Simon, Philippe (dit Pépèche) avec Laurent, Éléa et Guillaume. Comme d'habitude, Estelle et moi serons hors quart. Le bateau bascule aussi en heure TU, temps universel.

Première nuit en mer, l'équipage prend son rythme ; la vie s'organise tout naturellement à bord. De temps en temps, nous apercevons les feux de tête de mât des autres concurrents, sans trop savoir qui est qui.

Nous avons repéré le feu de *Translated 9* qui scintille de façon particulière. Impossible de savoir, de *Spirit* ou *Maiden*, lequel des deux est à notre vent. Personne à la première vacation BLU de la flotte, encore un peu trop tôt.

Par contre, certains bateaux croisent des cargos, et comme l'autorisent les règles de course, ils les appellent pour leur demander leur position. À la VHF, sur le 16, nous entendons :

— *Cargo ship, cargo ship, cargo ship, this is sailing vessel* Spirit of Helsinki, Spirit of Helsinki. *We are in your 125, 125, on your portside. Do you copy? Over.*

Quelques instants après, le cargo répond dans un anglais plus ou moins approximatif :

Pen Duick VI*, en route pour son quatrième tour…*

— *Sailing vessel* Spirit of Helsinki*, this is* Notherlight*, do you copy ? Over.*

— Notherlight*, this is* Spirit of Helsinki*, I copy you. Can we switch to 06 please. Over.*

— *06 copy.*

Le canal 16 étant la fréquence internationale de détresse, nous avons le droit d'appeler, mais nous devons libérer cette fréquence dès que possible. Le plus souvent nous basculons sur le 06 ou le 72, avant de revenir assurer une veille sur le canal 16.

Une fois sur le 06 :

— *Cargo Ship* Notherlight *this is sailing vessel* Spirit of Helsinki*, do you copy? Over.*

— *Sailing vessel* Spirit of Helsinki*, this is* Notherlight*, over.*

— *Hello* Notherlight*. We are currently sailing on a race around the world a bit special cause we are sailing without any satellite assistance, which mean we do not have any GPS connexion. May I ask your position so I can calculate mine? Over.*

— Spirit of Helsinki*, my position is 49° 43 '05" North 003° 43' 15" West. Over.*

— *Thank you very much, you've been very helpful. Where are you heading to? Over.*

— *We are off to Panama. Over.*

— *Well, I wish you a very good watch and a safe passage.* Spirit of Helsinki *out, back on 16.*

— Notherlight *out, back on 16.*

Voici schématiquement, nos rapports avec les cargos. Certaines fois, nous leur demandons s'ils ont un bout de météo, mais nous sommes le plus souvent déçus, les cargos n'ayant aucun intérêt pour les données de vent. Parfois aussi la conversation s'engage, le marin en passerelle devient curieux. Au deuxième jour de course, un cargo nous appelle : le marin en passerelle est un collègue de Mathys, un des Volon'Terre qui sera avec nous lors des deux étapes suivantes. Cette rencontre improbable nous fait rire. En revanche, nous savons que si nous parlons à la VHF, nous allons être entendus dans un rayon de 30 milles nautiques, des fois plus, des fois moins. Nos petits copains entendent la position du cargo, ils en déduisent où nous sommes, et au fur et à mesure de la nuit, une carte de la trajectoire de chaque concurrent se dessine.

C'est la première fois depuis longtemps que je suis en course sans savoir où se trouvent les autres concurrents en temps réel, sans savoir à quelle vitesse ils vont, sans savoir quelles options ils ont pris ou sont en train de prendre.

Certaines fois, nous appelons aussi un bateau concurrent, notamment de nuit, si on estime un croisement un peu limite. Mieux vaut l'appeler et être sûr que tout le monde s'est vu et s'accorde sur le régime de priorité.

Pendant vingt-quatre heures, un temps odieux nous servira, brouillard humide, sans trop de vent. L'Angleterre…

Nous nous croisons les uns les autres, longeons la côte sud du royaume. *Translated 9* mène la flotte,

Pen Duick VI*, en route pour son quatrième tour…*

Maiden derrière et nous en embuscade. Ne surtout pas les laisser filer, et jouer dans le même vent qu'eux. Nous abordons le rail d'Ouessant en le laissant sur notre bâbord avec *Spirit* sous notre vent. Cap sur le cap Finisterre, pointe ouest de l'Espagne.

9

« *The weather is good, Ma'am!* »
Première étape de l'OGR, Southampton (Angleterre) – Le Cap (Afrique du Sud)

16 septembre 2023.

En route pour Madère !

Normalement nous devrions passer au nord de l'archipel. Grosse journée hier. Simon a vécu un moment magique : une horde de dauphins est venue s'amuser avec l'étrave du bateau, ils devaient être au moins une vingtaine. Sept sont restés à l'étrave pendant quelque trente minutes, Simon jouait avec eux, alors que nous filions à 9 nœuds. Pendu à l'étrave, il arrivait à toucher l'eau, et même de temps en temps les dauphins. Heureux, le Simon…

Vacations à 19 et 21 heures, et un front qui nous passe dessus pendant la nuit. Résultat : des éclairs, de la pluie et très peu de sommeil. Je n'avais déjà que très peu dormi la nuit précédente à cause de l'arrivée d'une guirlande de fax météo qu'il fallait analyser, cumulée à de nombreux choix à faire puis des changements de voiles. Cette nuit en fut un peu la répétition.

Réveil en urgence à 1 h 30 TU, affilage de l'artimon, j'étais pieds nus et en babygros. Le temps de m'équiper, la pluie arrive, prise de ris grand-voile numéro 1… Le vent monte à 30-32 nœuds, ris numéro 2. Je suis à essorer.

Ce matin, longue vacation avec *Maiden* puis *Spirit*. *Translated 9* ne nous entend plus. Le vent continue d'adonner, j'espère que ça ne va pas se finir au près cette histoire. *Spirit of Helsinki*, à 17 milles derrière ce matin, n'est plus qu'à 14 milles. Théoriquement, on est plus rapide que *T9*, reste à voir *Maiden*. Attendre la vacation de ce soir et ne pas oublier que c'est à la fin de la foire que…

À la fin de chaque vacation, je monte sur le pont faire « la gazette de *Pen Duick VI* » et ainsi redonner les positions et informations de la flotte à l'équipage.

18 septembre.

Stéphane de *Triana* vient de se faire hélitreuiller.

D'après les infos BLU, il s'est entaillé derrière un genou, une plaie de 10 centimètres et 3 de profondeur. Je n'ai aucune idée de comment il a fait ça, c'est le contact à terre de *L'Esprit d'équipe* qui nous en a informés par BLU. Je crois qu'ils ont aussi des problèmes de moteur. De notre côté, tout va bien, nous avons passé Madère hier en fin d'après-midi. Je dors enfin un peu. La route est simple, tout droit, pas de choix de voiles, nous sommes sous spi runner. Ma journée est bien rythmée par mes vacations et les relèves de quart. *Spirit* est toujours derrière et nous creusons l'écart, maintenant à 45 milles. Vu leur trajectoire, *Translated 9* passe très probablement dans les Canaries, je pense que *Maiden* fera aussi ce choix.

Je viens de finir la deuxième vidéo et j'attaque la rédaction du message de bord. Seulement Don, l'organisateur de la course, a encore changé les règles : les messages de bord doivent maintenant être manuscrits…

26 septembre. Message de bord.

Honnêtement, j'étais loin d'imaginer un début de course si intense. Toutes les journées de cette première semaine ont demandé beaucoup de concentration et d'engagement, surtout lorsque nous étions encore bord à bord avec *Translated 9*, à deux doigts de faire du *match racing* ! Alors j'espère que, malgré le peu de communication que nous pouvons vous offrir, règles de course obligent, le spectacle depuis la terre est beau. « Une course rallye en éloge à la lenteur. » Ben voyons. On a tous bossé comme des dingues pour préparer cette course, aucun des bateaux du groupe de tête n'est là pour faire deuxième, résultat on a presque eu l'impression de courir une étape du Figaro. Vieux bateaux oui, mais bateaux de course toujours !

Cela ne fait que deux jours que je peux aller dormir trois heures dans ma bannette, jusqu'à présent je ne m'autorisais que des siestes dans le carré. La pression des autres concurrents est forte et après avoir été chasseurs, nous voici chassés. Le groupe que nous formons avec *Translated 9, Maiden* et *Spirit of Helsinki* cavale en tête et jusqu'à présent, *Pen Duick VI* est premier. Je suis contente car nous avons plutôt bien navigué, même s'il y a eu quelques petites erreurs. *Pen Duick VI* est le plus grand bateau de la course, mais il est aussi le plus vieux, le seul à avoir couru en 1973. Nos trois proches concurrents sont très différents : *Spirit of Helsinki* a mât et bôme en carbone, *Maiden* a un look très moderne et une carène qui plane au portant, *Translated 9* est lui aussi rapide et très optimisé. Pour l'instant, nous ne sauvons pas notre rating : nous devons arriver au Cap trois jours avant *Translated 9* pour gagner. Mais ça, on verra plus tard, il reste encore quelques semaines de course.

Cette étape est pour nous une sorte d'échauffement : employer le bateau à son maximum dans des conditions qui ne sont pas les siennes – le portant, alors que notre dada à nous, c'est le près –, sauver les meubles pour ne pas perdre de points avant d'aller sur la deuxième étape. Le point fort du *VI* ce sont les grosses conditions : mon équipage sait que nous allons attaquer dans l'océan Indien, alors nous attendons le Sud.

Madère dans le sillage, notre option pour le passage des Canaries est claire, rapide et sans risque, avant de filer sur les îles du Cap-Vert et d'entrer dans le pot au noir. Là, il y aura un deuxième départ, cet endroit ayant une fâcheuse tendance à vous faire jouer à la roulette russe : on sait quand on y entre, jamais quand on en ressort. L'enfer. Chaud, humide, pas de vent, des nuages qui se forment en deux secondes avec des grains monstres, une fois sur deux de la pétole dans le grain, et l'autre, on se prend une cartouche de vent, quand il ne fait pas des 360 degrés, avec des orages et des éclairs… Non, vraiment, il ne faut pas y aller en vacances. Faut pas y aller du tout en fait. Nous y serons en fin de semaine, alors pour l'instant on se focalise sur le moment présent, et je pousse la concentration de chaque quart pour ne rien concéder à nos copains de derrière. Chacune de nos erreurs de réglage, de manœuvre ou de barre est un cadeau pour nos adversaires. Spatules dans l'axe, sous notre plus grand spi (le runner), on descend tout schuss, tirant un maximum de notre beau bateau. Dans l'instant, nous avons 20-25 nœuds de vent, et enchaînons les surfs à 15-18 nœuds en surface.

Après tant d'années de préparation et d'apprentissage, nous pouvons enfin exploiter *Pen Duick VI* entièrement. Un nouveau jeu de voiles, nouveaux gréements courant et dormant, une hélice avec peu de traînée : il est clairement en mode bête de course et nous le fait sentir. Dommage de ne pas avoir de drone, de l'extérieur ça doit être quelque chose ! Mais l'idée est de faire le tour avec un seul jeu de voiles, donc *fast* mais pas encore *furious*, ça, ce sera pour la dernière étape, quand il n'y aura plus rien à perdre et tout à gagner. Quand même, que c'est bon de pouvoir tirer dessus !

La vie à bord a pris son rythme, ponctuée par les vacations BLU quotidiennes de 7 heures du matin et 21 heures. Sur ces deux créneaux, la flotte peut se parler, nous échangeons nos positions ainsi que des informations de vent et des nouvelles en tous genres. La BLU est notre seul moyen de communiquer, d'avoir des nouvelles de la course et des copains. Alors quand la réception est mauvaise et que l'on ne peut pas recevoir la position des autres, nous savons que nous allons devoir patienter jusqu'à la prochaine vacation pour peut-être savoir quelle route ils prennent, et si nous sommes en avance ou en retard. De quoi me rendre folle ! Ne pas avoir de position GPS se vit plutôt bien. Entre les points sextant et une bonne navigation à l'estime, on arrive à avoir de la précision. Le joker : le coup de VHF aux cargos qui croisent notre route. Impossible de les appeler par leur nom vu que nous n'avons pas d'AIS[1] sur un écran d'ordinateur (mais nous émettons bien sûr un AIS), alors nous les appelons « *Cargo ship, cargo ship, cargo ship, this is sailing vessel* Pen Duick VI, *on your 235°. Do you copy?*

---

1. Automatic Identification System : système automatique d'identification.

Over » et généralement ils répondent, nous donnent une position, voire un bout de météo quand on a de la chance. Le problème est de les comprendre : perso, je ne maîtrise pas encore bien l'accent philippin !

Plus pragmatiquement, comme j'aime être transparente, je vous raconte ce qu'il nous est permis de faire pour communiquer avec vous les huit prochains mois. Nous avons le droit d'envoyer trois minutes de vidéo par semaine et trois photos. Rien n'a jamais été écrit dans les instructions de course concernant l'écriture, et nous apprenons à Southampton que nous ne pouvons pas envoyer de fichier texte, sauf par capture d'écran intégrée aux photos ou vidéos. Il est hors de question que je ne partage pas nos aventures. Quand on a la chance de vivre ce que l'on vit, on le partage, et pis c'est tout ! Surtout via le média le plus ancien, le plus poétique, qui éveille l'imaginaire mais aussi le plus en danger : l'écriture. Alors la première semaine, j'ai inclus mon texte dans ma vidéo. Maintenant, je n'ai le droit d'écrire mes messages de bord que de façon manuscrite, un texte ensuite pris en photo. Donc sur les trois photos, il va falloir faire un choix entre photos d'illustration ou photos-texte, et comme à bord nous sommes joueurs, comptez sur nous pour trouver quelques astuces afin de continuer à vous embarquer, ça va être drôle. Déjà que la direction de course m'a interdit de réaliser une des deux missions scientifiques pour laquelle nous devions envoyer des données à Météo France (en 2023, en plein dérèglement climatique !) « pour ne pas que l'on pense que l'on a un satellite à bord », dit-elle. Je vous confirme donc que les vidéos sont envoyées par mouette voyageuse, bientôt par albatros express !

Pen Duick VI out, back on 16.
Marie

Je vous avais dit que les rapports avec la direction de course avaient été houleux. Ce message Facebook a été le dernier message de bord posté durant toute cette étape, car la flotte a eu ensuite interdiction d'écrire, pour une raison inconnue, ce qui m'a mise dans une rage folle.

20 septembre.

Table à cartes, de nuit, sous woomper et voile d'étai.

On carbure, ça dévale, tout droit vers le Cap-Vert. 11 nœuds de moyenne, 15/16 nœuds en surf, *top speed* pour l'instant à 19 nœuds. Dur de tenir le bateau, on se fait tous un peu chahuter. Hier soir et ce matin, impossible d'entendre les copains à la BLU. Impatiente de me connecter à 19 heures. À cet horaire ce sont normalement les Frenchies, et ce soir il y avait aussi *Maiden* et *Translated 9*. On a mis un petit caramel à *Maiden*, mais Vittorio (qui n'est jamais à la BLU, normalement c'est Simon) nous donne une position de l'espace. Je n'arrive pas à y croire. Pendant une heure, je fais toutes les simulations possibles, tous les calculs, je ne vois pas comment il peut être au point qu'il annonce.

21 heures. Simon à la vacation, qui nous donne une position beaucoup plus cohérente. Ouf. Mais ils ont super bien marché, même si nous aussi. Si ça continue comme ça, il va être impossible de leur coller trois jours et sauver notre rating. Mais rappelons-nous qu'on veut : 1/ finir chaque manche ; 2/ battre les temps du *VI* en 1981 ; 3/ gagner en réel ; 4/ gagner en compensé.

Aujourd'hui, j'ai fait une cure de sommeil, j'en avais bien besoin après autant de jours sans trop dormir. Pour l'instant, il n'y a pas à faire de choix stratégique ou de voiles, j'en profite pour me reposer avant le pot au noir.

Godspeed, le bateau des Américains, s'est arrêté à Lisbonne, bôme cassée, j'espère qu'ils répareront et arriveront à temps au Cap. Encore trois semaines et demie de mer, c'est dingue… Je ne me sens pas du tout en apnée, au contraire parfaitement à ma place. Je peux continuer sur ce rythme sans problème. La route à venir est parsemée de points de passage intéressants : Cap-Vert, pot au noir, Sainte-Hélène, nous allons être occupés.

Tom vient de se prendre un poisson volant en plein visage ! Le plus dingue est qu'il était assis, à la table à cartes, et donc à l'intérieur. Le poisson a sauté sur le pont, est tombé dans le « jacuzzi » derrière le rail de grand-voile, le tout petit hublot était ouvert, et *bim*, sur la pomme de Tom !

24 septembre.

Quelle chaleur… Et quand tu penses qu'il ne peut pas faire plus chaud, il fait encore plus chaud. J'ai les pieds et les doigts des mains qui gonflent, on transpire même sans rien faire.

Hier, nous avons eu les premiers grains du pot au noir.

J'avais mal au dos alors je suis pas mal restée allongée dans le carré en stand-by ou dans ma bannette. Impossible de m'asseoir. Je sors faire un contrôle sur le pont, nous sommes bâbord amure sous spi et là je vois un gros nuage, mais vraiment gros, très noir, juste derrière nous, sur notre bâbord. L'eau frise dessous, ça ne sent vraiment pas bon. Branle-bas, on est sous spi, la situation va rapidement devenir critique.

— *Tom ! Spi on deck, now !*

Je prends la barre et le vent monte, monte, monte. L'équipage a été rapide, le spi est sur le pont, intact, ils l'ont affalé alors que nous étions en limite de rupture, heureusement qu'il n'y avait pas de mer, ça a facilité la manœuvre.

Le vent continue de monter, pour maintenant atteindre les 47-50 nœuds. Nous sommes à 150 degrés du vent, grand-voile et artimon haut, le bateau va bien, se barre facile, et nous allons dans la bonne direction. Entre le moment où je monte sur le pont et les 50 nœuds, à peine dix minutes se sont écoulées. Des Canadairs d'eau nous tombent dessus, pendant une bonne heure. Je pense que c'est un des grains qui viennent d'Afrique, très chargés. La nuit se passe comme une entrée de pot au noir, des grains qui se forment en deux secondes, nous sommes toujours sous spi runner. Tom et moi sommes en stand-by permanent et dormons très peu, voir plus du tout de 1 h 30 à 6 heures. À cette relève de quart, je demande le yankee tangonné. Philippe n'est pas très chaud, mais on n'a pas encore pu le voir dans ce vent et cet angle, besoin de savoir comment il se comporte et au pire dans deux heures on rebascule sous spi, voir spi lourd si besoin. Verdict : même speed, et surtout dix minutes après le vent monte à 30-35 nœuds. Ouf ! Je ne sais pas comment j'ai eu l'intuition, mais merci beaucoup pour le coup de pouce !

Nous sommes toujours en tête, environ 200 milles d'avance sur *Translated 9*, soit environ une journée. Plus qu'à espérer que les doldrums soient sympas avec nous et un peu moins avec eux… Après, il va falloir gérer Sainte-Hélène. Bientôt la moitié de la course. Le bateau va bien, l'équipage aussi. Seuls les champs de sargasses sont à déplorer : en plus de se loger partout sur le pont, elles bloquent l'hydrogénérateur. Entre elles et les poissons volants que l'on retrouve un peu partout, bonjour l'odeur !

Cette nuit me paraît beaucoup trop simple, c'est curieux… Il faut que j'en profite pour aller dormir.

L'anecdote du jour : Ondrej, notre marin tchèque qui vit en Nouvelle-Zélande, vient enfin de comprendre un de nos rituels ! Régulièrement, il voit quelqu'un sortir en râlant, l'air dégoûté, aller faire trois fois le tour du grand mât par n'importe quelles conditions, puis lui faire un gros bisou, et l'équipage mort de rire. Comme il ne parle pas français et est d'un naturel réservé, il essayait de deviner sans poser la question. Aujourd'hui, il a craqué et comprend enfin : le nom de l'animal à grandes oreilles étant plus par jeu que par superstition interdit à bord, dès qu'il est prononcé, il faut conjurer le sort. Ça l'a bien fait rire sachant que ça ne lui arrivera jamais vu qu'il ne parle pas français !

26 septembre.

Bon, bien sûr, la nuit n'a pas été aussi simple, mais pas pire non plus. Depuis hier matin, voire hier midi, nous sommes sortis du pot de pus. Fin du Mordor, retour dans la Terre du Milieu. Assez fou, d'un coup d'un seul, le ciel est redevenu immense, comme si avant il était obstrué, miné par plein de nuages, bouché par des pièges de partout. Et sans savoir comment ni pourquoi, en deux minutes, le retour de l'immensité… Pourtant la ligne d'horizon n'a bien sûr pas bougé, c'est une sensation très déconcertante. Pépèche et moi nous sommes regardés, sans trop y croire, assez surpris d'avoir un pot au noir aussi simple. Mais entendons-nous bien, on ne va pas se plaindre !

On avance, on fait du Sud, journée à 170 milles dans les pattes, en moyenne on fait 210 milles en vingt-quatre heures. Dans le pot au noir, notre plus petite journée était de 140 milles. La très bonne nouvelle est que les autres sont arrêtés. 90 milles en vingt-quatre heures pour *Maiden* et *T9*, 70 pour *Spirit*, alors que nous, on décolle. Jackpot ! Je n'aime pas me réjouir de ça, mais vu le temps que l'on doit leur coller pour sauver notre rating de porte-avions, nous ne sommes pas contre un petit coup de pouce de là-haut.

Pour l'instant notre avance est confortable, 340 milles sur *Maiden*, 350 sur *T9* qui est à 10 milles dans le nord-ouest de *Maiden*. Le match entre eux doit être serré, les deux équipages tellement concentrés ! *Outlaw* a récupéré une personne à la dérive. De ce que l'on a compris, il dérivait seul dans une barque de pêcheur, mais n'a rien d'un pêcheur. *Outlaw* suppose que c'est un migrant. Il est sans gasoil, sans eau et sans nourriture. Il ne parle pas anglais. *Outlaw* l'a pris en remorque et va le tirer jusqu'à Dakar.

Il a eu beaucoup de chance de tomber sur eux… Quelle angoisse il a dû vivre…

Hier, j'ai appelé un cargo pour avoir notre position. Je crois qu'il a eu un coup de panique quand je lui ai dit que nous allions au Cap, car après un silence, il me dit avec son accent asiatique :

— *Ma'am! This is not the good direction!*

— ...?

Nous avons éclaté de rire à bord, il est vrai que pour eux, faire un cap au 210 n'est pas vraiment logique. Il m'a ensuite posé plein de questions, combien nous étions à bord, si on avait de la nourriture, des radeaux, etc. On l'a senti assez concerné et préoccupé, il a été difficile à rassurer, mais sa bienveillance faisait plaisir !

Godspeed est reparti en course !

Demain passage de l'équateur. Philippe en Neptune, moi en Calypso. J'ai toujours très mal au dos, mais les mains et la générosité d'Estelle me font beaucoup de bien.

30 septembre.

Dans l'hémisphère Sud, nous avons passé l'équateur jeudi vers 10 h 30 TU. Belle petite cérémonie, où Tom, Laurent, Éléa, Anne, Guillaume et Simon ont été adoubés par Neptune. Tom avait réalisé le fameux trident en se servant d'une gaffe comme base rehaussée d'un épissoir et d'un saucisson. Toujours avoir une gaffe à ce moment, pour ne pas se prendre la ligne de l'équateur dans la quille ! Éloïse avait écrit un texte bien inspiré, et le breuvage bien dégueulasse qu'elle avait concocté devait être bu tout en se faisant badigeonner d'une mixture très peu ragoûtante.

Toujours impossible de rester assise. J'ai beau faire des étirements et de la respiration, ça ne passe pas. Mon corps a besoin de marcher. C'est le problème d'être en mer : l'être humain est fait pour marcher plusieurs kilomètres par jour.

Le bateau va super bien et nous sommes toujours en tête. *Spirit* à 350 milles derrière, *T9* et *Maiden* à plus de 600 milles. On attend patiemment la bascule est-nord-est qui ne vient toujours pas alors que *Spirit* a déjà un vent au 90. Il va donc faire moins de route que nous. Fernando de Noronha n'est plus très loin, nous sommes encerclés de frégates superbes, de fous de Bassan, de sternes, et encore d'autres oiseaux du large brésilien qui viennent autour du bateau se faire une ventrée de poisson volants. Ils ont une bonne technique : les poissons s'envolent sous le passage de *Pen Duick VI*, et eux en profitent pour se faire un bon gueuleton. Difficile de les reconnaître, d'autant plus que les deux seuls guides que nous avons à bord sont consacrés aux baleines, aux dauphins, et aux étoiles… On n'a pas été bons sur ce coup-là !

J'espère que la bascule viendra avant car un cap au 192 ne nous rapproche pas de l'Afrique du Sud. Pour l'instant, nous longeons les côtes du Brésil au près dans 20 nœuds mais nous rallongeons beaucoup notre route… Patience ? En attendant nous profitons des superbes nuits du Brésil, de loin les plus belles qu'il m'ait été donné de voir jusqu'à maintenant. Le ciel est bleu nuit profond, mais bleu, pas noir. Les étoiles sont toutes bien à leur place, et sont bien plus lumineuses que nulle part ailleurs. Un firmament à la Walt Disney. Nous cherchons les constellations ; chacun a sa petite favorite. Pour Simon et moi, c'est le Scorpion. La Croix du Sud est aussi en vue, ainsi que la Couronne australe, le Sagittaire, le Cygne et le Dauphin juste à sa gauche, le Bouvier, l'Aigle et la Couronne boréale. Hercule est plus difficile à identifier pour moi.

1er octobre.

Ça y est ! Il semblerait que nous soyons enfin dans le vent d'est ! Vent au 090, cap au 150, même si bien sûr il nous faudra refaire du 180 pour éviter Sainte-Hélène, anticyclone dont nous ignorons toujours la position.

Le hic est que nous ne recevons plus du tout de météo. Le Brésil n'émet pas, l'Afrique non plus, le weather fax ne capte plus les cartes américaines. À partir de maintenant, nous naviguons avec moins de météo qu'en 73, nos seules infos seront les radios si jamais nous arrivons à les capter…

« The weather is good, Ma'am! »

Spirit of Helsinki est à quarante-huit heures derrière, *T9* et *Maiden* viennent de passer l'équateur. On ne va pas crier victoire car sans info météo, tout peut arriver, mais il nous reste encore deux ou trois semaines de navigation pour conforter notre avance et sauver notre rating. Ne pas y penser.

Mon dos va un peu mieux : je tiens presque assise.

Les seules nouvelles du monde que nous ayons sont par le relais de *L'Esprit d'équipe* : Lionel nous repartage les résultats de la Coupe du monde de rugby. Après la victoire de la France sur les All Blacks, la Nouvelle-Zélande vient d'atomiser l'Italie, 97-27. France-Italie le 5 octobre, nous sommes chauds bouillants à bord !

La semaine a été un peu monotone, toujours sur le même bord, à suivre le vent sans grande stratégie. Quelques jours de flottement dans l'équipage quand nous avons réalisé qu'il nous restait encore deux à trois semaines de navigation : c'est un peu étrange d'avoir passé autant de points de passage, d'avoir maintenant Le Cap devant l'étrave, et d'avoir en fait quasiment la même distance à parcourir… Ça paraît immense. Ou plutôt *c'est* immense.

Anne, créatrice et responsable du « pôle animation de *Pen Duick VI* », trouve la ressource pour remobiliser tout le monde, l'équipage ne manquant pas d'humour et de bonnes idées pour rigoler.

Tous les deux ou trois jours, Laurent nous fait du pain, qu'il améliore avec des graines de courge, sésame, raisin, la pause réconfort préférée de l'équipage étant le combo peanut butter et confiture de fraises sur du pain frais. Je ne sais pas comment ils font…

Particulier de n'avoir aucune nouvelle, et en même temps rien ne me manque. Nous sommes sur notre propre petite planète. Entre nous. On verra bien les bonnes et mauvaises nouvelles à notre arrivée. De là où nous sommes, nous ne pourrions rien faire de toute façon.

3 octobre.

J'ai passé la nuit à monter la vidéo et je suis éclatée. Nous sommes mardi, donc comme le veut l'organisation, il ne reste plus qu'à l'envoyer. J'ai deux repères qui me disent quel jour nous sommes. L'envoi hebdomadaire des photos et vidéos, et les traditionnelles carbonara du samedi. Je ne sais plus quand ça a commencé, mais le samedi, c'est carbo, et c'est de loin le repas le plus attendu de tout l'équipage !

On bombarde à 90 degrés du vent dans 20-23 nœuds de vent. On sort une journée à 210 milles, en mode bobsleigh. Vacation dans dix minutes, on saura peut-être où se trouve *Spirit of Helsinki*.

« The weather is good, Ma'am! »

Nous n'avons plus de météo depuis quasi une semaine… Les yeux sont rivés sur le baromètre. J'ai aussi emporté le barographe-enregistreur de papa, que j'espère rapporter en une seule pièce. Même si nous avons le droit au baromètre digital, c'est important d'avoir l'information sous forme graphique.

Il s'est passé un truc aujourd'hui : on entre dans les choses sérieuses. Avant, c'était facile, nous étions en terrain connu. La mer est restée la même, elle est toujours aussi humide ; le ciel est à sa place, mais quelque chose a changé. Nous avons quitté le magnifique bleu de la mer du Brésil, la mer commence à devenir grise, le ciel aussi. Il fait un peu plus froid… Le vent nous dit que les vacances sont finies pour un moment. Nous entrons dans une zone qui nous met en garde, un peu flippant quand on y pense… Mais Estelle nous prépare quasiment chaque nuit deux banana choco cakes. Même si nous sommes tous gourmands, chacun ne mange que sa part, nous sommes nombreux à la réserver dans nos gamelles, certains pour la manger dans leur bannette, moi à la table à cartes pendant la nuit. Quand tout est éclairé en lumière rouge, que tout le monde dort et que le quart actif est sur le pont, j'ai l'impression de me situer entre deux mondes… mais avec mon chocolat banane !

5 octobre.

Hier, journée à 230 milles environ, la même aujourd'hui. Nous sommes passés à deux doigts de la correctionnelle : la manille qui relie le câble à la poulie de bastaque a largué. Ça nous est déjà arrivé il y a quelques années, suite à une manille défectueuse. Il faut voir la taille de la manille : pour plier un machin comme ça, faut vraiment y aller. Nous sommes sur la même amure depuis des semaines, le gréement doit souffrir un peu : il nous faudra faire une sérieuse vérification au Cap. En attendant, Tom et Kai mettent au point un bon système et me proposent une solution beaucoup plus pérenne que nous pourrons mettre en place au Cap, solution qui nous évitera d'avoir à l'avenir une manille.

Pour l'instant, on fait du sud, pleine balle à 10 nœuds de moyenne, un peu ambiance saut de talus, mais le *VI* est surpuissant dans ces conditions. On conserve, voire on augmente notre avance sur *Spirit*. Je ne sais pas où est *T9* ce soir. C'est frustrant de ne pas pouvoir parler à tous les copains que nous avons rencontrés à Southampton. Le débrief une fois arrivés en Afrique va être drôle, mais ça reste dur de ne rien pouvoir partager avec eux sur le moment. Nous pouvons toujours bavarder sur l'anecdote du jour à la BLU, mais c'est quand même compliqué, avec de la friture sur la ligne, en anglais, sans voir la tête de l'autre (déjà que je ne suis pas très téléphone) et tout en sachant que le reste de la flotte écoute. *Maiden* a déchiré sa grand-voile, mais je crois qu'elles ont réussi à réparer.

On a des bribes d'infos sur Sainte-Hélène, mais la situation est tellement anarchique que je ne sais pas du tout comment on va passer cet enfer. Simon m'a appris de nouvelles constellations : Pégase, Baleine, Poissons. De temps en temps, j'arrive à retrouver le Dragon.

On estime notre ETA [1] entre le 16 et le 20. Vu la date de départ de la deuxième étape, nous sommes un peu inquiets pour certains bateaux comme *Explorer* ou *Godspeed* qui n'auront que très peu de temps pour réparer, se reposer et repartir. Aujourd'hui, cela fait vingt-cinq jours que nous sommes en mer. Je ne crois pas avoir passé autant de temps sans débarquer. C'est assez rare de faire plus de vingt ou vingt et un jours. Tout va bien, c'est toujours aussi beau.

8 octobre.

On a enchaîné les journées à 230 voire 240 milles. Pas mal de moments où ça a bombardé, quart de barre vraiment sympa. Estelle est sortie sur le pont fumer une cigarette avant de se mettre en cuisine.

---

1. Temps estimé d'arrivée.

C'est dimanche, alors elle était en babygros-pantoufles, en mode jogging-canap comme à la maison. On a tous trouvé que c'était très optimiste comme choix, mais elle avait l'air si confiante ! Elle s'est posée au poste de barre sous le vent, a allumé sa cigarette. Elle n'avait pas encore recraché sa première bouffée qu'une énorme vague est venue s'éclater contre le flanc bâbord du bateau, a éclaboussé le pont dessus. Une scène de cartoon. Des seaux d'eau lui sont tombés dessus, et elle est restée immobile, dégoûtée, le visage impassible pendant de longues secondes, la clope trempée au bec. Après quelques secondes de surprise, nous avons éclaté de rire. Avec la gîte du bateau, nous avons quasiment tous été épargnés par cette vague. Et puis nous étions en ciré. Estelle est à essorer.

Maiden arrive à avoir quelques infos sur Sainte-Hélène, ce sont les seules qui arrivent à entendre Passage Guardian Radio, un relais BLU en Nouvelle-Zélande.

Nous essayons de capter Cape Town Radio, mais pour l'instant sans succès.

Via *Maiden*, nous supposons qu'un front est en train d'arriver, mais on ne sait pas quand. Il semblerait aussi que l'anticyclone de Sainte-Hélène soit pile devant et s'apprête à se séparer en deux mais c'est une info à prendre avec des pincettes : la vacation était mauvaise, et même si on nous donne le centre anticyclonique, il est très dur d'estimer la trajectoire et l'espacement des isobares.

« The weather is good, Ma'am! »

Hier, nous avons eu le résultat de France-Italie… 60 à 7 pour la France. Boum ! Les Frenchies n'ont pas pu résister à chambrer les Italiens, c'est de bonne guerre.

9 octobre.

7 h 30. Le bateau dort encore tandis que je suis à la vacation du matin.

Hier soir, nous avons vu nos premiers albatros ! Après les avoir observés pendant un moment pour être sûrs que c'en était, nous étions tous sur le pont à les admirer. Un truc de plus à cocher sur ma *bucket list*.

J'ai eu Vittorio ce matin qui est impatient de nous voir et de faire la fête avec nous ! C'était tellement bon de l'entendre en français avec son accent plein de soleil d'Italie.

Trente jours de mer, et rien de la terre ne me manque. À part une bonne douche, soyons honnêtes. Une bonne douche et me retrouver à poil, sans contact de vêtement. Nos corps ont changé. En fonction des morphologies, nous perdons plus ou moins de muscle, surtout sur les jambes, et nous sommes couverts de bleus. Je me demande à quoi je vais ressembler la première fois que je vais me revoir dans un miroir.

La question du jour à bord est : quand allons-nous arriver ? Les paris sont ouverts, il faut trouver le jour et l'heure. Je mise sur le 17 à 21 heures

TU. C'est un poil optimiste ! Rien n'est en jeu, tout le monde a peur de perdre. Nous avons perdu du terrain dans la nuit de lundi à mardi. L'anticyclone est coupé en deux, sa position donnée par *Maiden* n'est pas bonne. Quand Lionel de *L'Esprit d'équipe* nous donne les infos qu'il a via la terre, on s'aperçoit que l'on est pile dedans. Nous sommes plus au sud que la route directe et bien plus au sud que les autres. Le baro est monté en flèche à 1031, nous faisons du 190, envie de me tirer une balle… Heureusement que les vacations entre *Spirit* et *Maiden* sont drôles, car je n'ai vraiment pas envie d'annoncer la position du *VI*, ni notre pression atmosphérique. Ian de *Spirit* nous chante un jingle dès que Heather a réussi à récolter des infos météo de Passage Guardian : « Maiden Radio » est née.

13 octobre.

En attente de la vacation de 19 heures. On est en plein dans la molle. L'enfer. Et puis ça revient. On ne sait pas trop en fait… C'est un champ de mines, la roulette russe. Nous avançons toujours, c'est déjà ça.

Après avoir fait du 190, puis du 170, le baro a commencé à descendre, 1023, beaucoup plus acceptable. La vitesse du bateau remonte, il y a 18 nœuds de vent, nous filons à 10 nœuds, cap au 90 sur Le Cap.

« The weather is good, Ma'am! »

Spirit est un peu plus bas que nous. Quand il nous a vus nous arrêter dans le premier centre de l'anticyclone, il a taillé plus au sud. Nous avons perdu beaucoup de notre avance, entre le surplus de route dû à la bascule tardive le long du Brésil que j'estime à 400 milles (alors qu'eux avaient déjà un vent au 90) et ce premier gros coup de frein, il ne faut pas mollir : les autres déboulent derrière.

Nous sommes en tête, et par conséquent, nous sommes la météo pour les autres.

16 octobre.

On sort de l'enfer. Enfin… nous l'espérons.

Samedi soir, on se retrouve à faire du nord, dans 5 nœuds de vent. Au moment où l'on passe dans les longitudes est (va falloir s'y faire, ça va durer un moment), la pression monte en un rien de temps, on manœuvre rapidement pour descendre au sud.

Miracle, sitôt le woomper hissé, le vent revient, 8 à 10 nœuds, comme pour nous dire « c'est bon, c'est par là ! » Je vais me coucher une heure, et Kai vient me réveiller : plus un cul d'air. On affale la voile d'étai et je reste avec Anne à la barre. Le vent revient un petit peu, on bosse chaque souffle de vent, on passe notre temps à hisser la voile d'étai, faire repartir le bateau, affaler la voile d'étai pour ne pas qu'elle batte et s'abîme, la rehisser, relancer le bateau, etc. Toute la nuit, on file à

5 nœuds, ce n'est pas énorme mais c'est déjà ça. Et au petit matin, tout s'écroule. On passe la journée avec les voiles qui battent. L'angoisse totale. Pendant ce temps, *Spirit* avance, plus sud que nous.

Le soir, je suis au bord des larmes, voire en larmes quand je suis seule. Impossible de dormir, je suis trop fatiguée, nerveusement c'est dur. Le bateau est silencieux, on n'entend pas le bruit de l'eau sur la coque, l'hélice de l'hydrogénérateur ne tourne pas, silence total, pesant, angoissant. Tout autour de nous c'est gris, lourd, le ciel est uniforme ; rien ne nous annonce du vent. Même les albatros se sont barrés. Nous n'avons plus aucune chance de sauver notre rating malgré le très bon début de course, mais l'idée de pouvoir perdre la première place en réel m'est insupportable.

Je pense à l'histoire qu'on est en train d'écrire, mais aussi au bateau, à nos partenaires, nos familles et amis qui croient en nous et qui nous ont tellement soutenus pour en arriver là. Surtout, je pense à mon équipage, qui a si bien navigué, dominé la course pendant quatre ou cinq semaines. Ils ont tout exploité, n'ont jamais rien lâché et tout le temps dans la bonne humeur. L'histoire ne retient que les premiers, pas ceux qui ont été premiers puis deuxièmes. Je suis fière d'eux, très fière, et l'idée de ne peut-être pas pouvoir leur offrir cette première place me donne envie de vomir.

« The weather is good, Ma'am! »

Je vais dormir la mort dans l'âme, refusant de m'avouer vaincue. Mais quand même, faut avouer que ça ne sent pas très bon.

Éloïse vient me réveiller, Tom voudrait jiber : 10 nœuds de vent au 325, effectivement ça sent l'empannage, que Pépèche confirme. Et surtout le vent continue de forcir !

Spi reacher en tête de mât, cap aux 100 pour s'éloigner du pot de pus, tout en gagnant dans l'est. Il nous aura fallu quarante-huit heures pour faire 000° Est à 003° Est… *Spirit* est sous nous, à 60 milles. D'après ce que nous a dit un cargo, nous devrions toucher la bascule avant eux. Mais bon, info à prendre avec des pincettes, la météo de cargo, hein… Nous sommes fébriles : dès que le vent baisse de 0,5 nœud, on a peur. Comme si on nous privait d'oxygène, et que d'un coup nous pouvions re-respirer, sans savoir pour combien de temps.

Je viens de choper la météo de Cape Town Radio, et derrière, j'ai intercepté une conversation BLU entre *Spirit* et *Maiden*. *Spirit* est sous voiles plates. Donc, ils montent vers Le Cap, et nous établissons notre stratégie en fonction.

Je viens de faire un briefing à l'équipage pour expliquer le sérieux de la situation. On peut encore gagner, on peut aussi tout perdre. Plus le droit à l'erreur, 200 % focus sur les réglages et à la barre. Nous ne devrions plus avoir de pétole, mais reste à savoir quand le vent va tourner pour nous, et quelle est la vitesse de *Spirit*.

18 octobre.

Dire que l'on repart le 5 novembre…

La bascule a tardé, le vent qui était aux 312 le 16 et passé aux 283 hier et enfin ce jour, il forcit à 17 nœuds aux 158, voir 138… *Spirit* a touché la bascule plus tôt, ils sont maintenant en avance et premiers au classement. « On part à la chasse à l'ours », expression de vestiaire rugbyman (toulousain je crois ?) qui nous motive bien. On fait route sur Le Cap, les Finlandais sont un peu plus bas en latitude que nous et devraient être un peu plus débridés. J'espère que l'on a un peu repris sur eux : ce matin c'était le cas, ils n'étaient plus qu'à 30 milles devant. Il est 18 h 30, vacation à 21 heures.

On ne va quand même pas perdre cette étape pour 30 milles. L'équipage est en feu. Tout le monde fait du mieux qu'il peut, toujours avec le sourire ; c'est magnifique à voir.

Vacation de 21 heures, *Spirit* est à 22 milles. C'est jouable, si le vent ne nous fait pas de blague et reste au 140-150. Sinon, nous devrons virer et là, ce sera dramatique.

Le vent rentre, la mer devient hyper courte, *Spirit* dit qu'ils luttent un peu. Ils ne sont pas dans le plus fort du vent, c'est peut-être notre chance.

« The weather is good, Ma'am! »

À la vacation de 19 heures, tous les bateaux nous ont apporté leur soutien et encouragements. C'était vraiment chouette, Dominique Dubois nous a félicités pour cette course, quoi qu'il arrive. Ça nous a fait chaud au cœur.

La vacation de 21 heures entre les bateaux anglophones et donc en tête de la course était quant à elle assez silencieuse, je crois que tous se disaient que là, c'était chaud. Pas de place pour l'humour et les bavardages, on verra demain à 7 heures.

19 octobre.

Pas passé la meilleure des nuits. De 21 heures à 4 heures, on n'avance pas. Le vent passe de 20 à 28 nœuds, je ne trouve pas la bonne solution niveau jeux de voiles. À 4 heures, le jour se lève, on renvoie trinquette légère et un ris.

Le bateau bombarde enfin. 5 heures, je vais dormir. À 6 heures, Simon me réveille, le vent remonte à 28 nœuds, on rebascule sous ris 2, grand-voile. Vacation de 7 heures, *Spirit of Helsinki* annonce avoir repris du terrain.

Je ne veux pas pousser le bateau pour rien : l'objectif est la victoire autour du monde et il reste encore trois étapes. La mer est casse-bateaux ici, nous sommes proches des côtes, les vagues sont puissantes, courtes, croisées et quand même assez grosses. En un mot, elles sont dégueulasses. Le bateau cogne en permanence, ou se fait cogner – on ne sait plus trop.

À la vacation de 7 heures, je laisse planer le doute sur mes intentions, si je continue de pousser ou pas. Si ça se trouve, *Spirit* déguste aussi, je ne sais pas comment se comporte leur bateau dans ces conditions. En revanche, ils sont plus débridés que nous par rapport au vent, et donc plus puissants. Nous continuons de pousser. Je me remets à la table à cartes et calcule les différents scénarios. Toute la journée, nous poussons. Les conditions sont dures : ça tabasse, mais se rendre n'est pas entendable.

Vacation de 21 heures. Je monte sur le pont et demande à tout l'équipage de me rejoindre.

Ce ne sera pas possible de coiffer *Spirit of Helsinki* sur le poteau, nous avons toujours 40 milles de retard, alors qu'il nous reste à peine 80 milles à couvrir et eux 40. Je leur dis que c'est mort. Pour nous, ce sera la deuxième place. Je les remercie, je suis désolée, je leur demande de m'excuser, mais ma gorge se serre, mes yeux brûlent. J'ai beau arrêter de parler, respirer et regarder au loin, impossible de cacher mes larmes. Une fois de plus, cet équipage se montre au-dessus de tout, pas une seule seconde de tristesse ou d'amertume n'envahit le bateau. Ils me soutiennent immédiatement, avec le sourire car ils sont heureux, et c'est vrai, nous sommes heureux. Nous avons tout donné, nous avons bien fait naviguer un beau bateau, pris beaucoup de plaisir, vécu une magnifique histoire d'hommes et de mer, et c'est le principal.

Le vent et la mer se tassent un peu pendant la nuit, la fin de nuit est même plutôt agréable. À la vacation de 7 heures du matin, *Spirit* n'a pas encore passé la ligne, ils sont dans une pétole monstre. Pas de quoi nous donner espoir : de là à revenir sur eux, il y a un gap.

Nous commençons à deviner la fameuse ligne de la montagne de la Table, la montagne plate qui domine Le Cap. Et le vent tombe. Plus rien. La punition. Comme si nous n'en avions pas déjà eu assez de la pétole, là, rien, mer d'huile. Nous tentons d'appeler les cargos autour, personne n'a d'info météo précise. « *The weather is good Ma'am!* » Mais que veux-tu que je fasse de cette information…

Je tente d'appeler Cape Town Radio, rien là non plus. Plus qu'à patienter de longues heures, nouvelle guerre des nerfs… Nous avançons à 0,5-1 nœud, 2 nœuds dans les risées. L'équipage préfère rire de la situation, mais je les sens dégoûtés. Nous trouvons tous que la sentence est un peu sévère.

Le vent rentre enfin, nous déboulons vers la ligne : 15-17 nœuds, pas de mer, le temps idéal. Avec le coucher de soleil, notre consolation est de nous dire qu'au moins, l'image sera belle.

Sauf qu'Éole n'a pas du tout décidé de nous laisser savourer. Devant Le Cap, le temps est rafaleux, le vent qui descend de la montagne de la

Table provoque de violentes bourrasques. De 20 nous passons à 40. Le bateau à l'aise dans 20 est donc totalement surtoilé dans 40, nous affalons l'artimon tandis que les premiers semi-rigides viennent à notre rencontre.

Anne n'en revient pas, sa mère lui a fait la surprise de venir l'accueillir. Notre super ami et préparateur Momo est lui aussi sur l'eau. Que ça fait du bien de voir le visage heureux d'un ami !

Plus nous nous rapprochons de la ligne, plus le vent forcit. Nous ne pouvons pas changer les voiles d'avant, pas assez de temps, alors nous passons la ligne un peu en mode survie, et affalons immédiatement. Le vent est établi à 40 nœuds, il fait dorénavant nuit, la manœuvre de port va être rock'n'roll. Des danseurs et une chorale sud-africains sont sur le quai pour nous accueillir, le bateau est amarré en sécurité au ponton. On peut enfin souffler.

Je ne suis pas douée pour les arrivées. Pour les départs non plus d'ailleurs.

Je n'ai envie de voir personne, encore moins de parler, juste de me jeter en boule dans ma bannette et dormir, oublier que l'on perd cette première place.

On nous offre une bouteille de champagne avec laquelle j'arrose l'équipage, douche qui se finira en câlin géant, entassement d'hommes et de femmes sur le pont.

« The weather is good, Ma'am! »

Deuxième place au goût amer, mais il me faut l'accepter. L'équipage de *Spirit* est un peu en retrait, ils savent bien que je l'ai en travers de la gorge. Ils ont passé la ligne dans la pétole que nous avons subie, leur dernier jour en mer fut très long pour eux aussi. Je vais les saluer, les féliciter de leur victoire.

Surtout, Estelle et moi nous voulons savoir lequel est Ian, le fameux MC de *Spirit* qui nous a tant régalés. Il y avait tellement de monde à Southampton que nous n'avons pas eu le temps de retenir les visages de tous et le sien nous échappe. Alors on les met tous en ligne, et nous leur demandons de dire le fameux « *OGR fleet OGR fleet, This is* Spirit of Helsiiiinkiiii*!* » Et au troisième : « C'est lui ! C'est toi ! Merci ! »

Nous partons nous déclarer à l'immigration, nous sommes encore en ciré, quelques-uns comme moi pieds nus, n'ayant aucune idée d'où peuvent être nos chaussures.

Nous attendons *Translated 9* qui doit pointer le bout de son étrave dans quelques heures.

Ils avancent vite, la zone de calme que *Spirit* et nous nous sommes cognées s'est évaporée.

Entre-temps, l'organisateur de la course vient à bord vérifier les scellés comme le veut la procédure.

En général dans la course au large, des scellés sont posés sur les éléments que l'on ne doit pas utiliser ou déplacer (comme pour éviter le matossage dans certaines courses). Ici, à notre grande surprise, les arbres d'hélice ne sont pas plombés, ce qui veut dire que n'importe qui peut allumer le moteur et l'embrayer. Encore mieux, les instructions de course nous imposent de mettre le moteur 20 minutes embrayé en marche avant une fois par semaine. Je crois bien qu'aucun bateau ne tiendra cette règle absurde, tous ont respecté le gentleman agreement passé entre coureurs avant départ.

Il y a des scellés sur les *grab bags*, les sacs de survie avec à l'intérieur des téléphones satellite, et les sacs de communication comprenant ordinateurs, tablettes et téléphone portables individuels. Si un scellé casse, la règle est de prendre en photo le scellé avec la date et l'heure, de prévenir l'organisation, et de fixer un nouveau scellé, encore une fois avec date et heure. Le jury décidera ensuite de mettre une pénalité ou non.

Dans le cadre de l'OGR, c'est un peu particulier. Il n'y a pas de jury. L'organisateur organise, est directeur de course, et jury. En gros, il fait ce qu'il veut. Il ne nous donne pas non plus de scellés de rechange.

Du lazaret, la partie arrière du bateau, on sort les sacs avec les téléphones. Ils étaient stockés avec les grands sacs de viande sous vide, les poubelles, etc. On le montre à l'organisateur.

— *The seal is broken.*

— *What? …*

« The weather is good, Ma'am! »

Nous nous regardons tous, décontenancés. Il est effectivement cassé, il n'y a rien à dire.

Les instructions de course indiquent une pénalité de soixante-douze heures. C'est énorme. Pour comparaison, un coureur Imoca qui casse un scellé sur le Vendée Globe 2024 aura soixante minutes de pénalité.

Je me dis que l'organisateur sait bien qu'un téléphone tout seul, ça ne sert à rien. De plus, il a accès aux facturations Starlink, tout est transparent avec lui. Et puis il sait bien que nous n'avons pas eu d'aide météo. Sinon perdre la première place en ayant eu de la météo, ce serait vraiment nul !

Estelle s'en veut, elle se sent responsable car c'est elle qui manipulait les sacs de viande stockés à côté des sacs scellés.

Pour moi, ce n'est pas le cas. Tout, à bord, est de la faute du capitaine. Les sacs n'auraient pas dû être stockés là, et nous aurions dû vérifier la solidité de ces scellés, qui étaient particulièrement faibles.

Et puis cela peut aussi être Kai en allant vérifier les drosses de barre ou le dessalinisateur, ce peut être un équipier en stockant les poubelles, Tom en manipulant le groupe. On fait de l'équipage. On partage tout, les bons moments comme les coups durs.

Nous tentons de plaider notre cause, mais nous voyons vite que c'est mal engagé : l'organisation nous met effectivement soixante-douze heures de pénalité. Ayant pour objectif la victoire en réel, ça ne me touche pas plus que ça ; je suis en revanche très triste pour mon équipage, tant la situation est injuste. Estelle continue de s'en vouloir. À l'annonce de la sanction, les autres bateaux concurrents, *Spirit*, *T9*, *Maiden*, *L'Esprit d'équipe*, *Neptune*, *Evrika*, etc., tous écrivent à l'organisation pour dire qu'ils ne reconnaissent pas la sanction infligée au *VI*, et qu'ils veulent des scellés plus solides.

Ils ne seront pas entendus sur le premier point, mais nous aurons des scellés un peu plus solides. À bord, nous mettrons dorénavant trois scellés sur chaque sac, plus du scotch, et ils seront stockés dans un endroit sécu. On ne se fera pas avoir deux fois !

Milieu de nuit, il y a toujours 40 nœuds dans le port : comme pour nous, la manœuvre de *T9* va être chaude. L'équipage du *VI* est bien sûr présent pour attraper leurs aussières, seulement nous avons un léger problème.

Un lion de mer est là, en travers du ponton, couvrant toute la largeur. On n'a pas l'air de le déranger, la situation lui est toute naturelle. Il est tout seul, c'est l'un des grands mâles.

Nous venons d'arriver, nous sommes en milieu de nuit, aucun local de l'étape pour nous donner la procédure afin de le faire partir, ni nous dire s'il est normal qu'il soit là.

Et Maurice est là, en pleine sieste, grognant de temps à autre en se grattant la fourrure.

« The weather is good, Ma'am! »

Je n'aime pas réveiller les gens qui dorment paisiblement, mais comment accède-t-on au bout du ponton pour arrêter et amarrer le bateau sans le déranger ? Agiter les bras et les jambes ne sert à rien, faire du bruit non plus, on sent que le gars est chez lui.

T9 se présente, et je me dis que ça ne doit pas être si rapide ce machin… La tête est à droite, la queue à gauche, il doit bien faire 2 mètres de long facile. Avant qu'il ne bouge, je serai passée.

Un peu d'élan et hop ! Sauf que lui n'est pas d'accord. Et que s'il y a « lion » dans le nom, c'est peut-être parce qu'ils sont aussi rapides !

Au moment où j'allais décoller, il me croque la cuisse droite et me relâche. Je me souviens de croiser son regard, surprise, je m'arrête, perds l'équilibre et étant près du bord, je tombe à l'eau. Je saisis immédiatement le ponton pour me rehisser à son bord, et là je vois que lui n'est plus là. Mais alors s'il n'est plus sur le ponton… Vite, me sortir de l'eau ! Estelle et Ondrej me tractent au sec. Derrière le reste de l'équipage est mort de rire.

J'arrive juste à temps pour récupérer les aussières de *Translated 9*, qui eux pensent que je suis tombée à l'eau parce que j'étais saoule, la fameuse bonne cuite de l'arrivée.

En amarrant le bateau, Anne met la main dans le trou de mon pantalon de ciré et, regardant ses doigts ensanglantés, me dit qu'il y a un problème.

Translated 9 fait la fête, alors que je suis allongée sur le quai et que Laurent l'infirmier du bord désinfecte la plaie. Vittorio et Nico comprennent alors que je suis blessée et viennent à ma rencontre. Les équipages feront une belle fête, tandis que je passerai ma première nuit à terre avec Anne, entre les murs d'un hôpital, avec un trou de 3,5 centimètres de profondeur et 4 de largeur dans la cuisse droite.

À mon retour, il fait jour : plus personne n'est à bord.

Nous avons loué une maison pour loger tout l'équipage. J'ai beau avoir du mal à laisser le *VI* seul, je suis heureuse de m'imaginer ce soir dans un lit sec et douillet, qui ne bouge pas, et avec les deux épaules à la même hauteur. Nous avons à peine deux semaines pour ranger et nettoyer le bateau, réparer ce qui doit l'être, faire l'avitaillement pour la deuxième étape et, surtout, nous reposer un peu.

La maison, en plein centre-ville, a tout du château de la *Star Academy*. Au centre, la cuisine avec sa table à manger au milieu d'une cour intérieure, les étages en alvéole donnent sur cette cour jusqu'au *rooftop*. Les murs de la cour sont ornés d'immenses œuvres *street art* qui donnent à cette maison une atmosphère très chaleureuse et dynamique. Il y a quinze couchages, certaines chambres en dortoirs à quatre, d'autres seul ou à deux. C'est une maison qui nous ressemble, et où chacun peut choisir de s'isoler ou d'être avec les autres. Nous prenons la grande majorité des repas ensemble.

Estelle et Momo se relaient pour nous assurer une gamelle au bateau le midi et une à la maison le soir. Ceux qui le souhaitent peuvent manger ailleurs, à condition de prévenir en amont.

Dès les sélections, je leur ai assuré que tout serait pris en charge. Je ne voulais pas me passer d'un bon élément parce qu'il ne pouvait pas se permettre financièrement de venir. Mon métier est de trouver de l'argent, alors un peu plus ou un peu moins… Le contrat est clair : ils donnent de leurs temps et de leur engagement au projet, je les mets dans les meilleures conditions possibles.

L'association prend en charge les cirés, la nourriture, les sacs de couchage Lestra, un bon set de vêtements techniques logotés aux couleurs du bateau et de nos partenaires ainsi que le logement. L'équipage qui débarque peut rester une semaine à la maison, celui qui arrive peut arriver une semaine avant de partir, et bien sûr ceux qui font deux étapes consécutives sont logés durant toute la période, y compris à Auckland où nous resterons plus d'un mois. Je leur négocie aussi de fortes remises pour qu'ils puissent avoir du bon matériel personnel comme chez Dubarry pour les bottes, et Ursuit pour les premières peaux et combinaisons étanches.

À charge pour eux leur billet d'avion. On essaie de faire de notre mieux, avec le bateau le plus préparé possible, de bonnes conditions de couchage et donc de repos, de nourriture, de confort, et ce pour deux raisons : d'une, je veux l'expérience la plus positive qui soit pour eux, et de deux, je veux gagner. Je veux pouvoir tirer en permanence le plus possible sur le bateau et sur l'équipage. Pour cela, il faut qu'ils soient mentalement, moralement et physiquement dans les meilleures dispositions. La course au large a beaucoup d'expérience : nous avons maintenant tout le recul nécessaire sur la marche à suivre pour créer un projet en fonction de son budget et de ses ambitions sportives. À moi de trouver les partenaires qui me permettront de réunir toutes les conditions pour que nous abordions ce tour du monde de la meilleure des façons.

Tom organise la semaine de travail avec les Volon'Terre. Nous n'avons que deux semaines pour tout remettre en ordre, c'est peu mais on ne va pas se plaindre : les bateaux arrivés après nous auront encore moins de temps. Le bateau va bien ; nous n'avons que très peu de choses à réparer. Le programme est simple : il faut tout vider, tout nettoyer et ranger, faire l'inventaire des vivres, rincer les voiles et les inspecter, faire une vérification de chaque pièce des mâts, réorganiser le bateau pour le Sud, car si nous n'avons rien cassé sur cette étape, cela va probablement bientôt arriver. Nous sommes restés en grande majorité bâbord amures, le bateau a donc plus travaillé d'un bord que de l'autre.

Le chassé-croisé des équipages s'opère, Franck, Julia, Véro, Noé, Édith et Mathys arrivent, alors que Guillaume, Anne, Éléa, Éloïse, Laurent et Estelle débarquent.

Anne nous retrouvera à Auckland, c'est la seule qui fait trois étapes.

Estelle est devant un cas de conscience, elle doit faire un choix. Il y a deux marins cuisinières à bord : Estelle qui fait la première et la troisième étape, Véronique la remplaçante pour la deuxième et quatrième étape. Pendant les quarante jours de mer, elles n'ont pas de jour off, pendant quarante jours elles doivent cuisiner deux fois par jour pour douze personnes, dans n'importe quelle condition météo, et assurer la gestion des stocks. C'est un poste fatigant, c'est pourquoi elles alternent, afin de pouvoir se reposer le temps d'une étape.

Sauf que ce sont deux bons marins, deux voyageuses, et qu'Estelle est faite pour vivre sur l'eau. Depuis quelques années, elle a son petit bateau avec lequel elle navigue sur les deux façades de l'Atlantique, rêvant de passer un jour dans le Pacifique. Et ce n'est pas facile de naviguer à l'année en solitaire sur un bateau, de faire le choix de vivre à bord, sans attache, en ne comptant que sur soi. Elle me fait découvrir une communauté que je ne connais pas bien, le réseau des voyageurs au long cours. Quitter *Pen Duick VI* lui arrache un peu le cœur, ne pas pouvoir naviguer sur l'océan Indien aussi. Un jour je la vois arriver sur la pointe des pieds, des billes à la place des yeux, un énorme point d'interrogation au-dessus de la tête.

— Heu... Marie ? Tu as quelques minutes ?

— Oui, bien sûr,

— Alors euh bon... Voilà... Enfin... mais tu me dis si... Parce que bon...

— Abrège.

— *Maiden* cherche un membre d'équipage. [Silence.] Est-ce que tu crois que je peux y aller ? J'ai tellement envie de naviguer, de continuer cette course, de voir l'océan Indien, de découvrir un autre bateau. Là, je serai marin à plein temps, pas marin et cuisinière. Ce sera dur de ne pas être avec vous, vous êtes la famille, *Pen Duick VI* est ma maison, mais... enfin tu comprends ?

Estelle est une vraie gentille personne, un petit bout de femme qui a dû se battre, beaucoup. Comme elle est toute petite, je galère à lui trouver des cirés ou uniformes à sa taille, et à la barre elle doit lever les bras. En revanche, le rapport poids/puissance est fou, Estelle a une force et une détermination incroyables, mon p'tit winch. *Pen Duick VI* est immense pour elle, je me souviens des premiers jours de sélection où elle s'est un peu fait dépasser par la puissance du bateau. Mais ce n'était que dans la tête. Dès qu'elle a retrouvé confiance en elle, le *VI* est devenu son ami, un compagnon protecteur. De la barre aux manœuvres à l'avant, elle peut tout faire. Elle est indépendante, ultra débrouillarde, courageuse, sauvage mais avec un contact humain facile. Elle va détester lire ces lignes à son sujet : ce n'est pas son truc d'être dans la lumière, mais s'il y avait plus de gens sur Terre avec sa bienveillance et sa générosité, le monde se porterait beaucoup mieux.

— Je ne peux pas répondre à ta place, je ne peux pas décider de ta vie, tu ne m'appartiens pas Estelle ! Mais pour que tu fasses ton choix, voici ce que je pense. Déjà, merci de me poser la question avant de prendre ta décision. En tant que chef de projet, je te dis que je ne suis pas très favorable. Je te sais un peu fatiguée comme nous tous, je sais que la deuxième étape à bord de *Maiden* ne sera pas reposante, et que j'ai besoin de toi sur la troisième étape, celle du Horn. Si tu te blesses, ou si tu es fatiguée une fois à Auckland, c'est sur l'équipage de *Pen Duick VI* que cela retombera, et tu sais combien tu as un poste clé à bord, c'est clairement la gourmandise des repas qui nivelle le moral de l'équipage. Je ne te fais pas un dessin sur la difficulté du Pacifique, tu sais que cette étape te demandera deux fois plus que ce que nous venons de faire.

« En tant qu'amie, je te dis : fonce, on n'a qu'une seule vie. Tu as la chance de pouvoir traverser l'océan Indien, de continuer de vivre l'aventure avec notre grande caravane autour du monde, et en plus, *Maiden* est un très bon bateau, très bien préparé, en lequel tu peux avoir confiance. Dans les deux cas, je respecterai ta décision, et si tu vas à bord de *Maiden*, *Pen Duick VI* sera toujours ta maison. Fais ce qui est juste pour toi.

Estelle attend quelques heures et, le lendemain, prend la décision de courir la deuxième étape à bord de *Maiden*. Ce qui devait arriver arriva : la première fois que nous l'avons vue arriver au bateau portant le T-shirt rouge de *Maiden* pour nous emprunter un outil, elle s'est fait chambrer par l'équipage, mais c'était de bonne guerre !

Le départ se rapproche, certains bateaux ne sont pas encore arrivés, comme *Godspeed* ou *Explorer*.

Beaucoup n'auront que quatre ou six jours à terre avant de repartir, et certains équipages comme celui de *Neptune* ont beaucoup souffert, arrivant au Cap sans gaz, sans eau, et n'ayant que quelques biscuits secs à manger par jour.

Avant de repartir, nous avons la chance de vivre la finale de la Coupe du monde de rugby avec l'affiche Afrique du Sud-Nouvelle-Zélande. Choisir entre le pays qui nous accueille ou celui qui va nous accueillir. Deux équipes avec deux histoires fortes : la ferveur est grande dans les rues du Cap, envahie par un raz-de-marée vert et jaune. Des écrans géants diffusent le match, la foule est joyeuse, l'atmosphère positive. De l'équipage, seul Franck et moi sommes pour les All Blacks, nous y croyons jusqu'au bout, mais l'Afrique du Sud l'emporte. En bons Français, nous nous attendions à faire la fête jusqu'au bout de la nuit, mais dix minutes après le coup de sifflet final, les rues sont désertes, l'insécurité est grande ici, et les Sud-Africains préfèrent fêter cette victoire chez eux. Le bilan chez nous est lui aussi sympa : deux portables et trois portefeuilles volés dans la soirée.

En ce qui me concerne, je ne suis pas fâchée de rentrer tôt ; vu la dose de cheval d'antibiotiques que je dois ingérer pour échapper à une éventuelle infection, l'alcool n'est pas vraiment recommandé. Heureusement que j'ai la chance de toujours très bien cicatriser, le trou se referme, mais je dois continuer les pansements quotidiens pendant encore quelques semaines. Je suis soulagée d'avoir le droit de repartir en mer, cicatriser en milieu marin est plus difficile qu'à terre, et vu là où nous allons, on n'a pas le droit de prendre le moindre risque d'infection. Si je ne pars pas, le bateau non plus. Je ne me serais jamais pardonné de voir le *VI* rester à quai à cause de moi, surtout pour quelque chose d'aussi bête.

ÉTAPE 1: Southampton-Le Cap

Marie à la table à cartes.

Simon jouant avec les dauphins.

Tom en séance matelotage.

Un beau coucher de soleil une fois de plus partagé.

Le traditionnel bizutage au passage de l'équateur.

L'angoisse de l'absence de vent dans l'anticyclone de Sainte-Hélène.

Anne aide la cuisinière à préparer les repas.

Coupe du monde de rugby, France-Italie, à fond derrière les Bleus !

Kai règle le nerf de chute de la trinquette,
deux jours avant l'arrivée au Cap.

ÉTAPE 2 : Le Cap-Auckland

Mathys dans l'océan Indien.

Ondrej, notre Tchèque, reste bien concentré.

Kai aux réglages.

Analyse des fichiers météo reçus par weather fax au large de l'Australie.

Noé, en masque de ski, prêt à affronter les éléments.

ÉTAPE 3 : Auckland-Punta del Este

Tom à la barre, Noé aux réglages, Franck à la visée sextant.

Coucher de soleil sous spi et trinquette légère dans l'océan Pacifique.

Préparation de manœuvre.

Tom, toujours avec son flegme malgré les vagues.

Premier lever de soleil après le cap Horn.

Édith réalise sa visée au sextant.

Hugo à la barre, fêtant son anniversaire dans une dépression en approche du cap Horn.

Photo de groupe au passage du cap Horn.

ÉTAPE 4 : Punta del Este-Southampton

Tout schuss dans l'Atlantique.

Le quart sur le pont déjeune sous la casquette.

Tom en bout de tangon de spi pour repasser le bras de spi

es calmes de la zone de convergence intertropicale

Apéro de la mi-course de la manche 4 !

Anne aux réglages de la grand-voile.

Pen Duick VI attaque dans l'option est.

Pen Duick VI, au lendemain de son arrivée dans le Solent.

10

Les guerriers dans l'Indien
Deuxième étape de l'OGR, Le Cap (Afrique du Sud) – Auckland (Nouvelle-Zélande)

5 novembre 2023.

Ce n'est pas sur un départ que l'on gagne une course autour du monde, en revanche, on peut tout y perdre. Nous sommes remontés à bloc, *Translated 9* aussi. Nous voulons tous deux imprimer une marque psychologique sur l'autre.

La flotte est dans les starting-blocks. Deux frégates militaires donnent le départ : un bâtiment sud-africain et le *Floréal*, frégate de la Marine française affectée à la surveillance des pêches dans l'océan Indien. Tous les bateaux sont dans le match, sauf *Godspeed*, pas encore arrivé, qui va se retirer de la course. Nous en sommes tous à la fois tristes et un peu soulagés : ils sont adorables, mais nous avions un peu peur pour eux, l'équipage et le bateau n'étant pas vraiment prêts pour les conditions du Sud. *Explorer*, lui, arrivera dans quelques jours et repartira en course pour Auckland. Il aura l'obligation de rester au moins soixante-douze heures à terre avant de repartir. Lors du briefing avant le départ, un des membres de l'équipage, à peine âgé de 24 ans, qui devait rejoindre le bateau au Cap, était avec nous. C'était dur de savoir qu'il allait devoir nous regarder partir et attendre son bateau… Ce n'est pas comme ça que l'on rêve de partir en course.

Nous partons par beau temps, sous le vent de la flotte, sous le vent de *T9*. Nico est à la barre, nous nous regardons, nous sourions, mais clairement, nous nous défions. Les deux équipages sont sur les réglages, à chercher le pouillème qui fera la différence ; les deux bateaux au plus près sont à moins de trois mètres l'un de l'autre. Le *Floréal*, qui est ancré au bâbord de la ligne, nous voit arriver collés serrés ; nous lui rasons les moustaches, sous les encouragements de l'équipage.

Pen Duick VI est en position favorable, sous le vent et un peu en avance. Nico ne peut pas abattre pour relancer, alors que si je garde ma vitesse, je peux toujours le lofer. Et ça marche. Son étrave est maintenant dans mon tableau arrière, pile dans l'axe, je suis plus haute et plus vite. Dans pas longtemps, il sera dans nos fumes, c'est-à-dire dans le cône de devant de nos voiles, et sera obligé de virer… S'il le peut, car nous sommes tribord. S'il vire il sera bâbord et donc non prioritaire par rapport au reste de la flotte.

Pour faire simple, premier jeu : *Pen Duick VI* 1 – *Translated 9* 0. Nouvelle balle.

On prend rapidement la tête de la flotte, croisant au passage de très nombreux bateaux de pêche, ce coin proche des côtes doit être réputé.

Les deux premiers jours se font aux allures portantes et dans de l'air, de quoi nous mettre en ambiance guerrier dès le départ. Nous dévalons à 20-22 nœuds dans les surfs, le « Club des 20 », acceptant en son sein tout barreur passant les 20 nœuds, est ouvert !

Dans cette zone-là, nous n'avons plus du tout de météo par weather fax. Personne, aucun pays alentour, n'émet.

Alors, en accord avec l'organisation de l'OGR car dans le respect des règles, le *Floréal* pourra correspondre avec nous deux fois par jour par BLU afin de nous donner un bulletin météo et ce, pendant les deux premières semaines de course.

Leur vacation prendra place quarante-cinq minutes avant la vacation française. Sur les ondes, il s'appellera « *FoxTrot* » et ne donnera jamais sa position. En échange de leur vacation, nous devons les aider en signalant les bateaux de pêche que nous voyons, avec date et heure ainsi que position estimée. La Marine française effectuera alors un contrôle, pour savoir si le bateau est dans ses droits ou non. L'océan est tellement grand que c'est souvent le Far-West, les pirates, pilleurs et hors la loi ont le champ libre. Si vous regardez une carte du trafic maritime, par exemple via l'application Marine Traffic, vous vous apercevez vite que rares sont ceux qui empruntent la route que nous allons prendre. Certains pêcheurs peu scrupuleux débranchent leur AIS et pêchent ce qu'ils veulent, où ils veulent, dans des proportions déraisonnables, sans oublier au passage de s'asseoir sur les droits humains, les marins subissant des conditions de vie indigne, des violences physiques, des horaires de travail à rallonge. De l'esclavage moderne.

Si mes souvenirs sont bons, seul un bateau de la flotte croisera un bateau de pêche lors des deux premières semaines. En revanche, force est de constater que ce n'est plus dans la BLU que la Marine investit : leur équipement fait souvent défaut ! Mais quand même, une fois sur deux, nous arrivons à correspondre avec une femme analyste météo, qui met beaucoup de sérieux et d'application dans la rédaction de ses bulletins. La flotte s'étalant, nous sommes souvent hors cadre, mais on ne se plaint pas, c'est mieux que rien. Quelques fois, un de ses collègues prend le micro en fin de vacation pour nous poser une devinette, et nous avons jusqu'à la prochaine vacation pour trouver la solution. Sauf que la plupart du temps, nous n'avons pas la réponse : soit *FoxTrot* n'est pas en ligne, soit le marin qui a la réponse n'est pas de quart à ce moment-là. Ils nous donnent aussi quelques nouvelles de la Transat Jacques-Vabre, mais nous n'avons pas droit à plus. Restent les cargos que nous pouvons croiser, mais là encore les informations sont sommaires, et nous allons au fur et à mesure nous éloigner de leur route.

Car là où nous allons, personne ne va. Quelques jours après le départ, un cargo nous fait quand même bien rigoler : après le traditionnel « *Cargo ship, this is shilling vaissel* Pen Duick VI », un Indien ou Philippin (les paris sont ouverts à bord), me répond. Il me donne sa position, puis me demande où nous allons. « Auckland, New Zealand. » Même à moi, ça fait bizarre de le dire. Alors pour lui… Il faut bien comprendre que le monde de la voile leur est souvent complètement étranger, ils nous prennent un peu pour des fous.

— *How many are you on board? [toujours avec cet accent asiatique qui roule les « r »]*

— *Twelve.*

— *And who are you?*

— *I'm Marie, the captain.*

— *Ho! You are lady Captain! Lady Captain!*

— *Yes!*

— *Wow! Do you have an Instagram?*

— *Heu…*

— *Can we meet when you will be on shore?*

Et là, tu comprends que le gars se sent un peu seul en passerelle… Tu sais surtout que *Maiden* et

T9 sont probablement encore à portée de VHF, et que tu vas te faire chambrer dans pas longtemps !

12 novembre.

Je suis à la table à cartes, il fait 10 °C, de la buée commence à sortir de nos bouches.

L'ambiance du bord a totalement changé. Les voiles sont toujours dans les coursives pour mieux répartir les poids, seulement leur présence ajoute encore un peu plus d'humidité à l'atmosphère. Nous mettons de plus en plus de temps à nous habiller, les températures ont très vite dégringolé.

Il est 4 h 20 du matin TU, il fait jour depuis trois heures. Véro vient de nous faire un porridge très réconfortant. La Marine française nous transmet la météo, une à deux fois par jour. Je la redonne en anglais à *Translated 9*, *Maiden* et *Spirit*. L'OGR, la course la plus *fair-play* du monde, où tu refiles tes informations météo à tes concurrents ! Résultat : *Spirit* m'a fait un jingle que Ian chante à chaque début de vacation, me voilà bombardée Miss Météo !

Pour l'instant, je suis contente de l'option choisie. Hier, à 21 heures, *T9* et *Spirit* étaient ensemble mais derrière, et nous leur avons collé 30 milles dans les dents.

13 novembre.

T9 a fait route nord, je ne sais pas pourquoi. Nico a peut-être envie d'aller surfer à Rodrigues…

On a eu une météo ce matin que j'ai relayée. Mon anglais n'est pas mauvais, mais ça me met pas mal de pression à la BLU, être sûre d'utiliser les bons mots, les prononcer distinctement, car les informations retransmises sont importantes. Je prends du temps à tout traduire.

Nuit froide. Ça y est, le plan Orsec « grand froid » est déclenché à bord. Nous avons sorti les Thermofil Ursuit qui nous font ressembler à des bibendums, et je dégaine mon arme secrète, un sac de couchage incroyable offert par Lestra, type énorme cocon qui te donne l'impression d'être comme sous des édredons de grand-mère. Mon nouveau meilleur ami. Je ne vais pas souvent à la bannette, mais là je m'entends soupirer de plaisir avec un sourire bêta chaque fois que j'y entre. Cela fait beaucoup rire Anne et Tom qui dorment à côté de moi.

Notre ressource en gaz est limitée, nous avons trois bouteilles pour toute l'étape. Les problèmes rencontrés par *Neptune* me gardent en alerte, je rappelle souvent à l'équipage de faire attention à leur consommation d'eau chaude. Il est très facile d'oublier et d'augmenter sa consommation, sauf que si tout le monde augmente de 2 à 4 litres l'eau chaude par jour, alors que la cuisinière va elle aussi augmenter sa consommation (dans la première étape il y avait beaucoup de plats froids), on va vite se retrouver à court de gaz. Et ça, ce ne serait pas une bonne nouvelle. Pire encore si on découvre une fuite de gaz quelque part, ou si une bouteille a été mal fermée. Donc, je préfère être un peu ferme dès le départ, quitte ensuite à assouplir les règles si l'on peut.

16 novembre.

Nous sommes au nord des Kerguelen.

Je commence à écrire avec des gants, il fait bien froid… Mais ça va. Ça fait bizarre de ne plus passer des quarts entiers sur le pont, j'ai toujours du mal à me faire à l'idée que ce n'est plus mon rôle à bord. Il est 20 h 25 TU, j'attends la vacation de 21 heures. Depuis quelques jours, je me prends bien la tête. Don m'interdit de communiquer, sous prétexte que mon Starlink (fournisseur d'accès à Internet par satellite) n'est pas certifié OGR. Les autres bateaux dans la même situation ne lui posent pourtant pas de problème… Là où je suis, surtout avec soixante-douze heures de pénalité, je ne peux rien y faire. Nous avions pourtant le même système sur la première étape… Ne pas communiquer me bouffe, ne pas pouvoir partager mes écrits, photos ou vidéos me mine. Je me sens muselée. N'ayant plus de *deadline* pour envoyer mes vidéos, il m'est très difficile de filmer, je ne me sens plus créative, idem pour écrire. Je m'en veux car je vais probablement oublier pas mal de trucs, et quand je devrai écrire mon livre…

À bord, tout va bien. Nous sommes théoriquement au max sud de cette étape. *Spirit*, *T9* et *Maiden* sont derrière, j'espère avoir leur position ce soir, mais plus on descend, moins je les capte à la BLU. Idem pour la vacation avec *FoxTrot*, heureusement que *L'Esprit d'équipe* peut faire le relais.

Il y aura une grosse semaine entre les Kerguelen et la pointe sud de l'Australie. Tout est tellement immense ici, je crois que je n'avais pas réalisé la taille de l'Australie jusqu'à présent.

Pas mal hésité sur le choix de voile aujourd'hui, un peu tardé à envoyer le spi ce matin. Ce soir, je donne le signal de l'affalage, et au moment où ils vont lancer la manœuvre, un truc fait *boum !*, le bras de spi décroche, le spi part sous le vent. Une chance qu'ils aient été déjà tous à leur poste. On chaussette direct, tout le monde va bien, mais nous ne savons pas ce qu'il s'est passé. Rien n'a cassé : Tom a tout passé en revue. Peut-être la poupée de winch primaire qui a tourné à l'envers ? J'espère vraiment que ce n'est pas ça.

Nous sommes maintenant en configuration pare-balles, yankee S tangonné. On file droit à une bonne vitesse. Ensuite, j'irai me coucher et me réveillerai pour le lever de soleil à minuit, histoire de voir si on re-hisse le spi ou pas. Je suis totalement déphasée. On file à l'est, le soleil se couche à 15 heures, se lève à minuit. Avec les vacations de 7 heures et 21 heures, mon rythme est différent de celui des autres. Comme je suis hors quarts, je m'adapte, mais je ne mange plus qu'un repas, je ne sais plus quand je dois me brosser les dents, ni quand dormir.

Dehors, c'est magnifique, un peu terrifiant quand même car l'eau est à 8 °C je pense. Inutile de faire demi-tour si on tombe à l'eau, espérance de vie réduite à moins de 10 minutes, et encore. Au réveil, le bout du nez est froid, se brosser les dents dans une eau si fraîche devient douloureux, et nous livrons une bataille sans merci contre l'humidité. Rien ne séchera avant l'arrivée, la hantise du bord est d'avoir une chaussette trempée.

Impressionnant le nombre d'oiseaux ici, essentiellement des albatros. Il devait y en avoir plus d'une trentaine. La légende dit qu'ils sont l'âme des marins qui ont péri en mer… Moi, ça me fait un peu froid dans le dos ; est-ce pour nous protéger qu'ils volent au-dessus du bateau, ou attendent-ils que nous les rejoignions ?

Mathys est passionné par les oiseaux, il a quelques livres pour les reconnaître et apprendre sur eux. On le sent bien à sa place ici.

18 novembre.

Hier, le winch primaire bâbord a de nouveau largué. Tom et Kai l'ont démonté, réparé : il a relargué plus tard, mais moins gravement, juste un demi-tour. Nous pouvons l'utiliser s'il est sécurisé via le winch de trinquette. Heureusement, je ne me voyais pas faire le reste de la navigation sans spi… Et comment faire quand nous serons au près sous yankee bâbord amure sans primaire ? On marche bien, si ça continue nous allons faire 280 voire 300 milles en vingt-quatre heures. *T9* n'est pas loin, environ à 220 milles derrière. C'est déjà bien, mais vivement qu'il y ait plus.

Nous ne recevons plus *FoxTrot* depuis quarante-huit heures, et n'avons donc plus aucune météo. La BLU passe de moins en moins bien, rien hier, ce matin j'ai réussi à récupérer quelques positions. *T9* et *Maiden* derrière, *Spirit* aussi, mais eux sont anormalement lents. Je crois avoir compris qu'ils ont des problèmes d'étais de trinquette. Ils pourront réparer à Auckland, mais la route pour y aller est encore très longue ; j'espère qu'ils ont trouvé une solution satisfaisante pour garder le mât en place d'ici là.

Franck s'est beaucoup investi dans l'apprentissage du sextant, ses points commencent à être rapides, cohérents (il tombe sur les mêmes coordonnées que notre rock star tchèque Ondrej) et il commence à bien expliquer sa méthode aux autres. Il mesure tellement la chance d'être là qu'il s'investit entièrement. Franck, c'est mon soldat, mon gars sûr.

Hier, j'étais à la barre, nous allions vite dans la grisaille du Sud, au portant. Tout était gris… et d'un seul coup, j'entends un barrissement d'éléphant. Une baleine, beaucoup, beaucoup trop près de nous. Je ne comprends pas, normalement nous allons à une vitesse où elles nous entendent, se réveillent et s'écartent. Là, elle était à 5 mètres de nous. Autant j'ai souvent entendu le son du souffle de la baleine, autant là c'était le même bruit qu'un éléphant. Peut-être l'avons-nous réveillée, elle a dû avoir aussi peur que moi, mon sang est resté froid pendant de longues minutes.

20 novembre.

On bombarde au reaching ! Jolie figure de style hier avec un cocotier dans le spi lourd qui s'en sort sans bobo. Vu l'épaisseur de la toile, c'est difficile de la déchirer, et c'est tant mieux ! Nous avons rebasculé sous le yankee S que nous découvrons toujours, il y a 25-30 nœuds de vent dans le 310. Il s'avère que cette voile est parfaite pour les allures débridées, nous faisons une super vitesse, 10 ou 11 nœuds surface en moyenne, et engrangeons les milles qui nous séparent du *waypoint*.

L'ambiance est studieuse à bord ; ça rigole, ça rigole, mais l'équipage est bien à l'attaque. Les lumières sont très différentes de celles que l'on connaît, très perçantes, à mi-chemin entre la lumière du soleil après la pluie en Bretagne et une belle journée en montagne. C'est à la fois très vivifiant et en même temps on sent qu'il ne faut pas merder ici… Le problème est que ça me donne très envie d'aller passer un peu de temps en altitude, ça fait longtemps que je n'ai pas pu prendre le temps de retourner rider à la Grave ou dans la vallée de Chamonix, je ne pense plus qu'à ça. C'est la même odeur, le même froid sec sur les joues. Dès que le soleil fait une percée, nous profitons de ses rayons, si réconfortants.

23 novembre.

Pression à 1030… vent aux 178, 16 nœuds. Aïe. Nous avons passé le waypoint donné par l'organisation et collé un petit caramel à *Maiden* et *Spirit* (qui lui a des problèmes de grand-voile, de spi et d'étais de trinquette, ça commence à ressembler à une sérieuse job list, leur affaire) En revanche, pas de news de *T9* depuis quarante-huit heures. J'espère avoir leur position à la prochaine vacation, c'est un peu stressant de ne pas savoir comment ils marchent. On a fait de bonnes moyennes, je ne vois pas comment ils auraient pu nous remonter. Je trouve que *T9* marche beaucoup mieux que lors de la première étape, probablement grâce à leur nouveau mât. Oui, dans cette course, tu n'as pas le droit de réparer tes voiles en voilerie, mais tu peux changer ton mât pendant la course ! Faut pas chercher la logique…

25 novembre.

Deux jours que l'on a passé le waypoint. Le vent commence enfin à basculer un peu, après qu'il a été au 184, il est au 120… Seulement la pression est maintenant à 1035. Nous voulions enrouler le waypoint et redescendre dans le Sud, mais comment veux-tu faire route sud avec ce vent et cette pression-là…

28 novembre.

Translated 9 a passé le waypoint le 26, soit quasiment trois jours après nous, *Spirit* et *Maiden* le 27.

Depuis, on vit un enfer. Entre le vent qui s'évertue à être au 90, pile là où l'on veut aller, et qui refuse bord sur bord, on a l'impression de faire du nord puis du sud.

Dans l'instant, il est enfin au 50 mais ne crions pas victoire trop vite. La pression est retombée à 1025.

Nous n'avons pas eu la chance de redescendre dans le Sud, il va falloir vivre avec ça.

C'est très difficile d'imaginer un scénario météo avec le peu d'infos que nous avons. À bord, nous ne disposons que du weather fax qui nous donne uniquement des cartes de pressions, sans champs de vent. Une fois sur deux, elles sont illisibles, une fois sur trois on ne les reçoit pas. Tu vois le papier fax un peu buvard des années 1980 ? Le même en pire. Une fois la carte reçue, il faut redessiner par-dessus les latitudes et longitudes, trouver l'Australie, deviner si c'est une carte d'analyse ou de projection ainsi que l'horaire… Donc même lorsque l'on reçoit un fax, souvent on ne peut pas l'exploiter à son maximum.

En gros, on passe du fichier Grib [1] au fichier gribouillage !

L'anticyclone couvre toute l'Australie, et c'est grand l'Australie… Au moment où les vents ont basculé, nous donnant la possibilité de redescendre dans le Sud, l'anticyclone est déjà bien calé sous nous, et nous n'avons aucune idée de la force de vent présent à l'intérieur. Il nous a semblé être déjà trop avancés pour nous permettre de le traverser. Peut-être qu'à terre, avec plus de fichiers, de satellites variés et un maillage différent, nous aurions une analyse autre, c'est même probable. Là, avec ce que nous avons, c'est notre choix. Mais quelle trace merdique…

Heureusement, nous arrivons enfin à redescendre vers le sud. Avec un peu de chance on arrivera à rester devant la flotte, les contrôler et

1. Fichier de données météorologiques.

recreuser l'écart une fois que nous passerons sous la Tasmanie.

Je suis de plus en plus perdue dans les horaires jour-nuit, à tel point que lorsqu'on regarde l'horloge murale, on se demande avec Véro s'il est 7 heures ou 19 heures…

2 décembre.

Heu… Samedi ? Je ne sais plus.

Le vent a décidé de jouer avec nous.

Pendant trois jours, il a été très faible, environ 7 nœuds, des fois 10. Un vrai derviche tourneur. Un enfer. Il passait du nord au 100, puis 20, 50, 163, 139…

Le problème est que nous devons aller dans la bonne direction, mais surtout nous devons trouver le meilleur compromis cap-vitesse. Dans 7 nœuds de vent, le spi ne porte pas vraiment. Nous serons alors plus rapides à une allure plus serrée du vent.

Nous savons qu'un peu plus bas, *Translated 9* carbure tout droit et dans du vent.

Le reste de la flotte est derrière, mais avec eux aussi, un système météo stable. Je ne sais pas dans quoi nous sommes mais le nôtre est bien foireux.

Alors nous avons dû faire un choix, nous restons sur une allure rapide, et tentons l'option détroit de Bass. Heureusement qu'au cas où, nous avions pris les cartes de détails. Et puis Pépèche est déjà passé plusieurs fois par là.

Dans l'instant, après des jours de pétole, nous avons enfin un vent constant de 13 nœuds, et on déboule à 8-9 nœuds vers le détroit de Bass. C'est quand même plutôt cool de passer par cet endroit mythique. Plus au sud se trouve *T9*, je ne sais pas exactement où ils sont, la réception BLU est pourrie en ce moment, peut-être à cause d'une éruption solaire selon Lionel. Nous avons beaucoup de mal à communiquer avec la flotte, alors ils ne savent pas exactement où nous sommes et c'est très bien comme ça. Ils ont dû de toute façon deviner notre option.

C'est tellement dur de s'imaginer refaire une deuxième place… Depuis le waypoint, nous sommes sur un chemin de croix. Hier encore le vent monte à 14 nœuds et refuse. Spi ? Spi. On décide d'empanner et de hisser. Pendant l'empannage, le vent passe de 315 au 55, et de 14 à 7 nœuds. On ouvre le spi. Le vent tombe à 2 nœuds. On affale tout, et on repart au près sous voile plate.

Quasiment deux semaines que le scénario est celui-ci, aucune stabilité. Épuisant.

Le 30, j'ai fêté mon dernier pansement lion de mer !

6 décembre.

Nous avons passé le détroit de Bass !

Beau passage, mer plate, lever de soleil magnifique, nous avons pu voir un bout de terre, et même les lumières de Melbourne. Une fois passé l'île King de nuit nous filons tout droit dans un vent constant qui nous offre une belle trajectoire et une vitesse moyenne à 9-10 nœuds. Tout allait bien quand en passant au sud de l'île Curtis (toujours de nuit sinon ce n'est pas drôle !), le vent est tombé. Trois heures pour passer. Je suis restée vissée Quatre heures à la barre dans la molle. Nous prenions des repères à terre pour être sûrs de ne pas reculer, et nous ne devions pas être loin de la marche arrière à certains moments. Puis le vent est revenu, léger. Ensuite nous faisons une route est plutôt que direct, est et avec un peu de sud dedans pour coller le plus longtemps possible aux isobares. On ouvre le bateau pour aérer, maintenant qu'il y a un brin d'air.

Le vent monte. *Yes* ! Woomper ! Je n'ai toujours pas dormi depuis 24 heures alors je tente d'y aller. Au bout d'une heure, je me réveille dans le gaz, 15 nœuds établis, *reacher time.* Je retourne me coucher, le bateau file.

Très rapidement, mon sixième sens me réveille. De ma bannette, je sens le bateau bouger comme si le vent était monté. Ma bannette n'est pas suffisamment inclinée : je suis à deux doigts de me casser la figure, ça veut donc dire que l'on a augmenté le degré de gîte du bateau. L'eau sur la paroi de la coque fait beaucoup de bruit : c'est sûr, nous avons accéléré.

À la barre, Julia est concentrée, mais a le sourire. Le vent est monté à 20 nœuds établis, ça va encore mais tout de suite j'annonce le *piling* sous spi lourd. Et là je fais une erreur : j'attends une minute et demie de trop pour confirmer mon call. Je viens de me réveiller et suis un peu dans le gaz, cela fait trois semaines que nous sommes dans des conditions légères alors forcément nous voulons attaquer, et j'attends une minute et demie, deux minutes pour bien analyser la situation. Ne pas confondre vitesse et précipitation.

Sauf que je sous-estime la puissance des vagues, et dans une risée, Julia part au lof.

On choque le spi, ce qui est difficile à faire car l'écoute, en plus d'être sur le winch primaire, est assurée sur le winch de trinquette. Nous retrouvons l'équilibre du bateau et on repart. Cette sortie de piste valide immédiatement la décision du piling de spi qui doit être fait rapidement, le vent est tendance forcissante.

À ce moment-là, c'est l'équipage en stand-by qui commet une erreur : aucun ne réalise la dangerosité de la situation, et la rapidité à laquelle il va falloir intervenir. Le quart actif prépare la manœuvre d'affalage, sauf que l'on n'affale pas un spi en vingt secondes, et qu'à l'intérieur ils se préparent vite mais sans stress. Pas assez vite donc. Après trois semaines de pétole, normal qu'ils soient tous un peu endormis. Résultat : deuxième départ au lof très rapidement, que l'on récupère en choquant une fois de plus.

Tout le monde est prêt : Tom a le bout d'affalage de la chaussette dans la main, on choque de l'écoute, Julia est vraiment une bonne barreuse, pleine de sang-froid. Elle arrive à bien gérer la pression mais pour le coup ne sourit plus du tout. Philippe est avec elle à la barre, comme soutien. Elle est bien vent arrière pour tenter de déventer le spi qui dans maintenant 22-25 nœuds va être compliqué à étouffer, mais une vague plus forte que les autres l'embarque, et cette fois-ci nous partons à l'abatté. Nous étions tribord amure, le bateau se retrouve donc couché sur le flanc tribord, le tangon et le spi dans l'eau, les bômes de grand-voile et d'artimon en l'air, maintenus par les retenus de bôme.

De l'extérieur, ça doit être quelque chose ! Bien sûr, le spi explose (ce qui me soulage un peu, le mât est alors en sécurité) et nous remettons le bateau en équilibre. Une fois tout en ordre, je vais voir Julia et remarque qu'il manque des données sur les instruments. Je descends faire le point à la table à cartes. Heu… C'est quoi cette odeur de cramé ? Pourquoi toute la table à cartes est pleine d'eau ? Oh non… Nous avons aéré… Et le hublot de la table à cartes, que nous n'ouvrons que très, mais alors très rarement, qui était au vent, s'est retrouvé sous le vent. Nous avons donc chargé pas loin de 900 litres d'eau, grillant au passage l'électronique, le micro de la BLU, le téléphone satellite, les cartes marines, etc. Nous coupons le 220 : c'est l'écran de l'ordi de sécurité qui a cramé, lui qui est pourtant abrité derrière un cache fermé, et le plus en hauteur possible… Je n'arrive même pas à imaginer comment autant d'eau a pu arriver jusque-là.

Quinze jours que nous sommes dans la pétole, et en trente minutes, grosse piqûre de rappel.

Le spi est réparable mais uniquement en voilerie, impossible de faire ça à bord, cela va donc nous coûter douze heures de pénalités supplémentaires. C'est dommage pour mon compte en banque (j'estime à 20 000 euros le budget total réparations voile et électronique) et pour le reste de la course, mais personne n'est blessé et le bateau va bien.

On a avoiné tout le reste de la nuit sous yankee tangonné (top speed 22 nœuds) et depuis, le vent est tombé et surtout, il est passé à l'ouest, chose que je ne comprends pas. Résultat : on fait un cap au 40 au lieu de 70.

9 décembre.

Samedi, journée carbonara à bord !

Toujours en route vers Auckland, ou plutôt vers la pointe nord de la Nouvelle-Zélande.

C'est quand même quelque chose de se dire que nous sommes en mer de Tasmanie, ça change de la Manche. Nous allons bientôt avoir fait un demi-tour du monde. Demain, cela va faire trois mois que nous avons pris le départ de l'OGR. En trois mois, je n'aurai passé que deux semaines à terre. J'ai dû louper pas mal de trucs ! Et en même temps… je m'en fous un peu.

Cette nuit, nous sommes passés à côté de la correctionnelle. Assise à la table à cartes, j'entends un bruit, le genre de claquement métallique que l'on n'aime pas. Aucune idée de ce que c'est, l'aluminium propageant le son. Inspection du pont : RAS. Trente minutes plus tard, je vais me coucher, il est minuit soit 12 heures TU. Vingt minutes plus tard, je viens enfin de m'endormir quand Simon me réveille :

— Le tirant qui arrive des toilettes bâbord, il ne doit pas être mou… si ?

Je saute dans mes Crocs, crie « *Tom, wake up!* », cours sur le pont voir et entends un grincement très anormal. La fissure repérée par Tom au niveau des cadènes du D1 bâbord s'est agrandie. On vire pour soulager le gréement. On décide d'affaler la grand-voile, d'enlever le tirant tribord, de le gréer à bâbord. On revire, rehisse la grand-voile, et nous repartons à la chasse à l'ours. On passe toute la nuit à 10 nœuds. Je reste vissée à la barre durant trois à quatre heures, à tirer sur le bateau. Pendant ce temps, Tom nous fait un *laching* qui ressemble plus à de la haute joaillerie qu'à du matelotage à la place du tirant tribord. Il est trop fort.

À la vacation, *Spirit* est encore derrière, ils ne savent plus où nous sommes, le micro de la BLU étant mort suite à l'inondation. *Translated 9* lui non plus ne donne plus de nouvelles, alors je continue d'estimer sa position en fonction de différents scénarios. Si le point du 5 décembre est bon (157° E), ils sont devant. Une place de deuxième passe encore, pas troisième ! Alors on attaque.

Ce matin – je dis ce matin en heure solaire mais il doit bien être 15 heures –, on a pris le deuxième ris grand-voile, puis changé de trinquette pour la lourde, renvoyé le ris, re-hissé l'artimon avec un ris, changé la trinquette pour la légère, et enfin renvoyé le ris 1. Bref, on ne chôme pas. Interlude vacation, renvoyer le ris artimon et le yankee 1 pendant la vacation.

Le vent est stable en force et en direction, nous maintenons une vitesse de 10 nœuds. Ça va mollir mais je ne sais pas trop quand.

Nous sommes à 400 milles de la pointe nord, *T9* très probablement devant et *Spirit* à 60 milles derrière. Ce n'est pas énorme, mais il vaut mieux ça que l'inverse. Ils ont plus d'air, mais nos vents vont se rejoindre. Ça va être flippant sur la fin, méga serré. Dommage d'avoir perdu du temps cette nuit, chaque heure compte. Émotionnellement, nerveusement épuisée, je n'en peux plus de cette manche. L'équipage est lui aussi un peu touché. Mais toujours vaillant ! Seulement cette sensation d'avoir eu trois semaines de mise à mort est dure à vivre pour tout le monde, surtout quand on passe le waypoint avec autant d'avance. Nous passons entre nous de super moments en mer (ah, il y a quarante-huit heures, cette nuit entière à refaire le monde par tranches de trois heures avec Franck, puis Julia, et enfin avec les Avengers...), mais, sportivement, je suis éclatée. Ascenseur émotionnel, croire que l'on peut s'en sortir, penser que c'est perdu, apercevoir un peu d'espoir, se souvenir de la première étape... Imaginer l'arrivée, mais plus en premier... Sensation de s'être fait voler notre océan Indien... On a le bateau parfait pour la guerre, l'équipage idéal, nous pouvons et savons surexploiter le bateau, nous sommes chauds bouillants. Dans nos veines, ce n'est plus du sang mais de la lave. Et il a fallu que ce foutu waypoint change la donne.

En tout cas, nous ne lâcherons rien, jamais. Mais là, il faut que j'aille me reposer, je suis fatiguée. Le rythme jour-nuit est très bizarre, l'heure solaire étant à l'opposé de l'heure UTC. Je suis perdue dans les dates, les jours, les heures. Est-ce qu'il est le matin, le soir ? J'espère juste que le vent ne va pas mollir avant celui de *Spirit*.

10 décembre.

Spirit of Helsinki est par 37° 44' S, 170° 08' E. Ils sont à 25-30 milles derrière nous. Aucune idée de comment ils ont fait. Et là, notre vent adonne et mollit, 12 nœuds… Nous sommes sous runner, nous n'avançons pas très vite, mais nous avançons. Toujours impossible de joindre la station de Wellington, qui devait nous approvisionner en weather fax sur la mer de Tasmanie.

Vivement que ça se finisse, je n'en peux plus de m'accrocher. Pas envie de voir qui que ce soit à l'arrivée, pas envie de sourire et prétendre que je suis heureuse. Juste envie de disparaître, me reposer, me reconstruire loin de tout et revenir. Trois semaines de météo légère tendance pourrie. Impossible de redescendre dans le Sud, et quand on veut contrôler la flotte en allant sous la Tasmanie, bim, là encore les éléments sont contre nous. T'as beau faire du mieux que tu peux, si le vent n'est pas avec toi, tu n'avances pas. En gros, j'en peux plus, c'est plus drôle du tout. Je voulais prouver que *Pen Duick VI* est le meilleur des bateaux, et pour l'instant, je n'ai pas réussi. Pourtant chaque fois, l'équipage se défonce, nous faisons une démonstration, mais sans conclure. Travailler autant pour ça… Tout sacrifier, pour ça… Putain…

Sur ces deux manches, j'y ai cru, jusqu'au bout. Celle-là n'est pas encore finie, et on ne va rien lâcher, mais je suis épuisée, moralement, nerveusement.

Allez, on verra bien à la vacation de 21 heures. On n'est pas à l'abri d'une bonne nouvelle.

11 décembre.

Nous avons passé la pointe nord de la Nouvelle-Zélande et attaquons la redescente de l'île nord. Sous spi runner toute la nuit, puis ce matin crachin, pluie, début de shift de vent alors on jibe. À nouveau gros gros shift, alors on affale pour renvoyer yankee 1.

Résultat de la vacation de 21 heures (le matin) : *T9* est à 3 milles de la pointe nord de l'île, soit à 120 milles de nous. Je ne suis pas surprise, je le pressentais. C'est bien pour eux, ils ont parfaitement navigué. Du grand Vittorio, El Tiger rugit toujours.

Spirit est à 60 milles derrière. Nous avançons bien, je fais le choix de passer entre les îles Manawatacohu, les îles des Trois Rois et la pointe. Il y a du courant mais nous avons du vent, et la vitesse sur le fond est toujours bonne. Nous venons d'affaler la voile d'étai, avons affalé l'artimon plus un ris grand-voile, puis passé yankee 1 à 2. Avec la pointe, le vent est monté, et nous devons lofer : 100 milles sur ce cap, puis 80 pour entrer dans la baie d'Auckland.

Le vent ne devrait pas mollir, alors je ne vois pas comment *Spirit* pourrait nous remonter. Ouf. Ne crions pas victoire tant que la ligne n'est pas franchie, il peut encore se passer beaucoup de choses. Mais ça sent bon et ça soulage.

Restera à revenir à l'autre monde, à rallumer le téléphone portable, les réseaux et les mails, et découvrir bonnes et mauvaises nouvelles. Appeler ma mère pour la rassurer, et directement préparer le chantier de *Pen Duick VI*. Tiens encore quelques heures, mon tout beau, on arrive.

Le safran m'inquiète, il a du jeu et résonne dans la coque. À tous les coups, il va falloir le sortir de l'eau. Nous étions contents de n'avoir qu'une petite job list, mais en une semaine elle a explosé, même si elle reste bien moins longue que celle de *Spirit*.

Deuxième, ce n'est pas premier, mais *T9* est un beau vainqueur.

Ils ont fait la course que nous voulions faire, ils ont eu la chance que la porte du Sud s'ouvre et ont pu l'exploiter. Rien à dire. Ce sera malheureusement plus dur pour *Spirit* qui, si tout se passe bien, va apprendre à l'arrivée que nous sommes devant.

Les dernières heures en mer sont difficiles. L'effet de côte dans le golfe d'Hauraki lève une mer courte, casse-bateaux. Le vent est monté, et malheureusement nous ne pouvons plus continuer sous yankee 2. Malgré la force du vent, il aurait apporté plus de puissance pour franchir les vagues, mais la pression sur la poupée de winch était trop grande, et le winch de trinquette n'est pas la meilleure des sécurités. Ça tient, mais il ne faut pas trop jouer avec le feu, surtout si près du but. Nous changeons alors pour le yankee 3, et le bateau devient beaucoup plus compliqué à barrer, les relances sont très difficiles. Certains grains sont vraiment méchants.

La mer courte est terrible, en fait les pires moments de mer se passent souvent près des côtes, là où la houle n'a pas le temps de se former, ni de s'organiser.

Philippe et moi nous relayons à la barre toutes les deux heures environ. À chaque changement de barreur, pendant vingt minutes, le bateau perd en performance. En général, les cinq à dix minutes de la fin de quart du barreur sortant sont un peu pénibles, et il faut bien dix à quinze minutes pour que le nouveau barreur se mette avec le bateau. Alors nous faisons le choix de ne garder que deux barreurs sur cette fin de course ; Philippe est un très bon barreur, et je sais que si je ne suis pas la meilleure, je ne suis pas mauvaise. Surtout, en période de stress, il faut que je sois dans l'action, je ne veux pas en vouloir à d'autres, seulement à moi-même.

Avec la fatigue, nous faisons des erreurs d'inattention sur les caps à donner au barreur et notre route se retrouve un peu plus au large que prévu. Au large, ce n'est pas une erreur qui coûte cher, mais proche des côtes, alors que la distance à parcourir est réduite, chaque heure, chaque minute compte.

Nous arrivons à Auckland de nuit, au pied de la Sky Tower. Auckand *by night*, magnifique… J'adore les arrivées de nuit, surtout dans des lieux inconnus. Voir toutes ses lumières, deviner l'organisation de la ville et de ses humains, sentir les odeurs de la terre, de la ville. En mer, il n'y a pas la même richesse d'odeur, l'olfactif est le premier sens qui nous dit que la terre est proche. Une arrivée aux Antilles de nuit, par exemple, comme ça sent bon !

Une fois le soleil levé, nous découvrons une ville différente de celle imaginée la nuit, et les odeurs sont encore différentes.

Une arrivée de nuit et ventée, mais surtout une arrivée… très isolée.

La Nouvelle-Zélande est une île très protégée, nous ne pouvons pas arriver avec n'importe quoi à bord : nous n'avons plus de produits frais, nos chaussures de ville doivent être impeccables, sans terre, et le bateau a été caréné avec un certificat antibactérien au Cap. Le moindre détail hors des clous coûte cher, l'amende est sérieuse.

Nous voici donc au ponton de quarantaine, à marée basse, tout seuls. Anne qui n'a pas couru la deuxième étape mais qui embarquera sur la troisième est là, tout en haut de la jetée. L'équipage de *Translated 9* est là aussi, déjà un peu éméché :

ils ont gagné l'étape de l'océan Indien et ont commencé la fête. Surtout, ils sont arrivés juste avant la fermeture de la douane, ils ont donc le droit de sortir de la quarantaine et aller fêter leur victoire.

Nous, en revanche, n'avons pas le droit de débarquer ailleurs que sur le ponton. Nous avons beau connaître la règle, la pilule est dure à avaler pour l'équipage. Heureusement que j'ai toujours de quoi régaler : l'alcool est interdit à bord en mer mais j'en embarque toujours pour fêter les arrivées : on n'est jamais aussi bien servi que par soi-même. De toute façon, après quarante jours de mer, il n'en faut pas beaucoup pour se faire satelliser sur Mars.

Spirit arrive quelques heures plus tard et rejoint notre quarantaine… Les Finlandais aussi ont des munitions. La nuit est longue, bruyante et très drôle.

Les douaniers arrivent au petit jour pour inspecter les bateaux. Restons évasifs, mais ils montrent beaucoup, beaucoup de patience, entre une partie de l'équipage qui prend des selfies avec eux, d'autres qui dansent, certains qui ronronnent en ciré-bottes dans leur bannette, bannette relevée gîté max (genre moi…) et d'autres qui arrivent à peine à baragouiner deux mots…

Vraiment, ils sont conciliants !

Nous restons un mois à Auckland. L'escale n'est pas de tout repos : le chantier autour du safran n'est pas simple à organiser et les fêtes de

Noël approchent. C'est l'été en Nouvelle-Zélande, quasiment impossible de sortir le *VI* de l'eau, toutes les grues sont prises. Il y a aussi le chantier du winch : coup de chance, Tom rencontre un expert en winch, le genre vieux de la vieille super heureux de pouvoir travailler à nouveau ce genre de mécanisme. Encore une fois Tom a su provoquer sa chance !

Nous remplaçons le tirant et le hauban défectueux, et déclarons le départ de notre spi pour une voilerie. Le reste des voiles sera réparé à bord comme le veut la règle de course. Règle qui entre nous soit dit n'a aucun sens : en 1973, les équipages se faisaient livrer des voiles à chaque escale, et bien sûr allaient en voilerie. Là, nous devons faire venir les maîtres voiliers à bord, et nous ne pouvons même pas nous arranger entre nous pour leur faciliter la vie : ils doivent se rendre à bord de chaque bateau, même s'il n'y a que quinze minutes de boulot à faire sur la voile. C'est-à-dire que même pour une toute petite réparation, il faut que les voiliers drissent à bord leur énorme machine à coudre (on n'est pas sur la Singer de grand-mère !) et embarquent tout leur matériel.

Cette règle absurde provoque un petit séisme lors de l'escale : Vittorio a été un peu borderline avec la règle ; un conflit éclate entre l'organisation de course et *Translated 9*. Pour apaiser l'affaire, Vittorio décide de partir. Pendant quelques jours, nous ne voulons pas y croire, persuadés que les deux parties trouveront une solution, mais le matin du départ, Vittorio n'est finalement pas à bord…

La Nouvelle-Zélande… C'était mon rêve. Depuis toujours, une partie de moi se reconnaît dans tous les peuples guerriers, qu'ils soient Nord-Amérindiens, Polynésiens ou Celtes.

Je ne sais pas si c'est le fait d'être métisse, mais je ressens fort le brassage des mondes en moi. Depuis toujours, un sentiment étrange m'habite, je ne suis pas noire, je ne suis pas blanche. Même quand je vais me faire tresser les cheveux chez mes doudous africaines avant de partir en mer, elles me font bien sentir que je suis un peu « touriste » chez elles.

C'est beau d'être métisse, mais cela donne une curieuse sensation de n'appartenir à aucune culture, tout en portant le poids des fautes des deux mondes. Beaucoup de sentiment de culpabilité… alors qu'il devrait y avoir de la fierté : nous sommes tous métis.

Pour aller explorer ce beau pays si attendu (et mérité, nous avons quand même navigué la moitié du globe pour venir jusqu'à lui), des road-trips s'organisent entre les équipages pour partager les frais, un WhatsApp spécial est formé. Le bateau sera fermé entre le 23 décembre et le 8 janvier : une garde régulière sera juste effectuée pour vérifier que tout va bien à bord.

Comme j'ai pas mal de travail de bureau, je décide de ne pas aller sur l'île du Sud. Auckland reste mon camp de base et dès que je peux, je rejoins certains équipiers, là où ils se trouvent.

Je vous recommande la Nouvelle-Zélande à moto. À dos de Tiger 900 GT Pro, je m'évade. À cause des douze heures de décalage horaire, je travaille essentiellement de nuit et au petit matin, mais mon équipage n'oublie jamais de me dire où ils sont, et ponctue toujours d'un « allez viens ! »

C'est la seule escale un peu longue, où tous les bateaux ont le temps de se reposer et de passer des moments ensemble. Nous avons aussi l'occasion de prendre soin de nous : je pensais m'offrir du bien-être et c'est finalement chez le dentiste que j'échoue. Après avoir réussi à contenir un abcès sous couronne en mer – dix jours de douleur maîtrisée grâce à l'amoxicilline –, la dent est arrachée quarante huit heures avant le début de la troisième étape. C'est donc avec une tête de hamster que je vais prendre le départ. Parfait.

11

Duel au cap Horn
Troisième étape de l'OGR. Auckland (Nouvelle-Zélande) – Punta del Este (Uruguay)

18 janvier 2024.

En temps universel, on est toujours le 18. Mais, tout comme durant la deuxième manche, on est déjà perdus dans les horaires et il va falloir un moment avant de nous recaler. De retour en mer, table à cartes. Sur cette étape, Gérald Veniard fait la navigation / stratégie de course. Ça fait vingt ans que l'on se connaît, et c'est seulement la deuxième fois que nous naviguons ensemble. Quelle légende ce Gérald ! Il a passé sa vie sur l'eau, notamment en accomplissant un premier tour du monde à la voile avec son père dans des conditions sommaires, et tout à l'estime. Un vrai marin qui aime la mer et le temps passé dessus. Il n'a pas vécu que des trucs drôles, mais il aborde les expériences de vie avec courage, en retire des enseignements, de la sagesse. Il sait se remettre en question, il a de la franchise, de la diplomatie, et surtout beaucoup, beaucoup, beaucoup d'humour. En bref, un compagnon facile à vivre en mer, bienveillant et empathique. Il a été très vite adopté par l'équipage. La météo du départ a été une fois de plus préparée par Christian Dumard. Gérald a travaillé étroitement avec lui, et a aussi embrigadé Hugo, l'un de nos nouveaux Volon'Terre, afin de préparer les routages.

Le départ est magnifique, sous une tempête de ciel bleu.

Pas mal de copains rencontrés durant l'escale sont sur l'eau, il y a aussi des plaisanciers venus admirer le spectacle. Nous avons un peu d'air, entre 16 et 18 nœuds, et le bateau déboule sous le pont reliant les deux parties d'Auckland. Les images doivent être folles, avec la Sky Tower en fond et une eau très bleue limite turquoise. À bord, l'ambiance est très joyeuse, nous sommes tous pressés de retourner en mer et de revivre ensemble.

L'équipage de l'étape 3 est sensiblement le même qu'à l'étape 2 sauf que Simon et Ondrej ont débarqué, tandis qu'Estelle, Anne et Hugo ont embarqué.

19 janvier.

« Marie, *go south!* » *Fuck*, je l'entends d'ici le Nico. *T9* a empanné hier et ils font route au sud.

Chaque fois qu'ils sont allés dans le Sud, ça a payé. L'anticyclone est juste au-dessus de nous, et nous n'y sommes pas allés. Même *Maiden* y est allé, et maintenant c'est *Spirit* que l'on a aux fesses. En même temps, nous faisons un gros gain dans l'est, ce qui est une très bonne chose. Ce n'est que le quatrième jour, ne pas se mettre la rate au court-bouillon. Ils vont toucher de l'air avant nous, et donc décoller avant nous. Il va falloir les rattraper mais il n'y a rien d'inquiétant.

Nous avons jibé à 18 h 30, prochain jibe quand le vent sera au 320.

Nous sommes au botte-à-botte avec *Maiden*, *T9* est à 70 milles dans le Sud.

Ne pas oublier que la route est encore longue, ne pas se mettre de pression inutile.

Message de bord.

« Il y a trois sortes d'hommes : les vivants, les morts, et ceux qui vont sur la mer. » Aristote

Décidément, j'aime de plus en plus cette phrase. Je dois probablement en avoir une interprétation différente de celle de son auteur mais d'année en année, ou de mille en mille, elle m'offre une réflexion différente.

Nous sommes en mer, à revivre enfin nos vies de marins. Nous sommes à nouveau vivants, dans des repères que nous connaissons, jouant avec des contraintes que nous avons choisies, en un mot :

libres. Pour le reste du monde, nous ne sommes plus qu'un petit point sur une carte, nos amis, nos familles ne pouvant communiquer avec nous. Quelques instants avant notre départ d'Auckland, j'apprends de la direction de course que je peux à nouveau communiquer, envoyer des photos, de la vidéo, et surtout du texte. Inespéré ! Nous avons accueilli la nouvelle avec joie. Faire un tour du monde sans pouvoir le partager d'aucune façon que ce soit, c'est se sentir muselée, bâillonnée. Pour nos proches, cela ne change pas grand-chose, même s'ils sont heureux et rassurés de recevoir de nos nouvelles. Ils ont appris à vivre sans nous, et ça, nous le ressentons fort quand nous sommes en escale. D'une part, pour nous, il est difficile d'appeler : ce qui nous intéresse est d'avoir de leurs nouvelles. Mais eux veulent tout savoir de notre voyage, estimant à tort notre vie plus intéressante que la leur. Nous nous retrouvons donc à devoir raconter à chacun la même histoire, en galérant pour trouver des mots suffisamment précis afin que notre auditeur ressente un dixième de ce que nous avons vécu. On dit souvent que les marins ne sont pas bavards, mais qu'il est difficile de raconter les endroits que nous visitons, ces endroits où nous ne sommes autorisés à ne demeurer qu'un court instant, à passer seulement. Raconter notre aventure humaine, que ce soit au sein d'un équipage ou en nous-mêmes, relève de l'intime, et la pudeur rend difficile d'en témoigner.

Peut-être le marin est-il taiseux simplement parce qu'il n'a pas les mots…

Une fois en escale, notre entourage ne sait jamais quand nous appeler, entre le décalage horaire, la peur de déranger, ce qu'ils imaginent ou fantasment de nos vies à l'autre bout du monde…

Et puis ils sont pris dans le tourbillon de leur propre vie, on sait tous ce que c'est, de vouloir appeler, louper le créneau, se dire que demain sans faute et puis le lendemain…

Nous revoilà donc en mer, vivants pour nous, un peu morts pour le reste du monde. Nous avons laissé cette magnifique Nouvelle-Zélande derrière nous pour nous diriger vers l'Amérique du Sud. Une escale d'un mois à Auckland, peut-être un peu longue alors que nous ne sommes restés que deux semaines au Cap, c'était trop court. Au bout d'un moment, j'avais vraiment envie de repartir, non pas à cause des Maoris, mais d'une part car je voulais en découdre sur cette troisième manche (compétition, quand tu nous tiens !) et aussi parce que nous n'avons pas nos repères sur cette grande île. Nous avons alterné les périodes de travail sur le bateau et de repos et changé trois fois d'appartements.

À bord du *VI*, nous sommes chez nous.

Nous avons une approche particulière du luxe. Un lit qui ne bouge pas, pouvoir dormir avec les deux épaules à la même hauteur : du luxe. Se brosser les dents à l'eau tiède, se laver le visage à l'eau chaude : luxe encore. Pouvoir se balader seul(e) chez soi, habillé(e) ou non, choisir ses repas : grand luxe. Une douche… luxe ultime ! Nous sommes capables de vivre des vies de sanglier, mais apprécions le confort de la terre. Et justement, je n'ai pas envie de trop m'y habituer. Nous avons sillonné la Nouvelle-Zélande, rencontré plein de belles personnes, rapporté pas mal de souvenirs, mais il est temps de partir.

Notre grande caravane autour du monde nous avait manqué, alors que nous avons passé une grande partie de nos vacances ensemble. Une partie de l'équipage de *Pen Duick VI* est partie en road-trip avec *Translated 9*, *Triana*, *Neptune* and co, les bons plans camping, et les idées détente (surf session à Raglan, who's in?). Là, chacun est de retour « chez lui », à sa place, et tous ensemble nous reprenons nos habitudes sur ce tour du monde.

Cela fait quarante-huit heures maintenant que nous sommes en course, nous avons rebasculé en heure TU et remonté le temps de quelques heures, le rythme des quatre vacations BLU quotidiennes reprend son cours. Les premières vacations sont toujours importantes, de façon à être sûrs que tous les bateaux vont bien, que les bonshommes s'amarinent correctement, et que la communication entre nous déroule. Nous serons nos propres saint-bernard dans peu de temps, nous comptons les uns sur les autres en cas de problème… Et puis forcément depuis le temps, des amitiés solides se sont formées.

À bord de *Pen Duick VI*, pour la grande majorité des Volon'Terre, il était convenu qu'ils puissent faire deux manches à bord. Auckland était donc l'heure du débarquement pour Simon. La mort dans l'âme pour lui comme pour nous. Si quelqu'un avait eu un empêchement, il aurait pu rembarquer, mais tout l'équipage était présent. Alors c'est à bord de *Triana* que Simon a réussi à trouver une place, avec Seb Audigane. Si tout va bien, nous nous reverrons donc à Punta, et Simon sera lui aussi cap-hornier. À bord du *VI*, en moins de deux ans il sera allé en Écosse, en Irlande, aux Caraïbes, aux Bermudes, aux Açores, puis il aura pris le départ de l'Ocean Globe Race en Angleterre pour Le Cap, et enfin Auckland… Le *VI* aura rempli sa mission auprès de lui.

Il y a les vivants, les morts et ceux qui vont sur la mer. Nous n'avons jamais été aussi vivants, mesurant la chance qui nous est offerte d'être sur l'eau. Merci.

20 janvier.

Ça y est, on a déposé *Maiden* ce midi après être resté vingt-quatre heures avec son équipage entièrement féminin et nous sommes revenus sur *T9*. *Maiden* nous passe du ABBA à la BLU, pas l'impression qu'elles aient emporté beaucoup de cassettes à bord ! *T9* est plus sud, mais nous sommes plus est surtout nous allons vite, 10-11 nœuds dans 18-20 nœuds de vent. Suis en alerte car nous avons des rafales à 22 et nous sommes sous runner. Eux n'ont que 14 nœuds. La journée est belle, pas trop chaude, un vent presque régulier, tranquille, ça fait du bien d'être revenus dans le match. *White Shadow* est dans le coin, beaucoup de bateaux se parlent à la VHF. C'est la première fois qu'après cinq ou six jours de course notre quatuor ne fait pas le break. Nous l'avons fait, mais on a buté dans de la pétole et ils sont revenus par-derrière.

21 janvier.

On a mangé des « carbo », nous sommes donc samedi. Mais en TU nous sommes dimanche. Le décalage horaire entre le TU et l'heure solaire commence à poser des problèmes pour le planning des tours de vaisselle et de ménage !

Tout va bien, on fait route sud. Nous sommes revenus à la première ou deuxième place, dur à dire. En tout cas aux avant-postes. Première belle journée, où l'on bombarde sous spi. Pas encore de grosse vitesse de pointe, mais 14-15 nœuds régulier. Le vent monte et descend, la nuit va être longue. Dingue, à l'instant nous avions 19 nœuds, et là ça vient de monter à 30… On va rester sous yankee S !

La vie à bord se passe bien : Gérald et l'équipage ont pris en main la navigation astronomique, chacun sait ce qu'il a à faire lors de son quart. Un responsable par quart pour récupérer les fichiers météo (échec pour l'instant, Wellington n'émet plus depuis deux mois, voilà pourquoi nous ne les recevions pas dans la mer de Tasmanie), dès que l'on peut faire une visée au sextant on en profite, et surtout chaque barreur note le journal de l'estime à la fin de son quart de barre.

En quarante-huit heures, le vent est monté graduellement de 8 à 30 nœuds, ce qui m'a bien laissé le temps d'affaler le runner sans le mettre en danger. Call d'affalage au bon moment, puis spi lourd. Nous n'avons pas encore fait le break sur les autres qui avancent bien eux aussi dans ces conditions.

Lors de mon quart de barre, Tom vient me voir avec une grosse pièce de métal, en forme de U, qu'il a trouvée sur le pont. Je pense que c'est le U qui tient la fixation des poulies de spi en tête de mât. Mais comment une pièce aussi grosse a-t-elle pu larguer, et par quel miracle n'a-t-elle pas rebondi et est-elle restée sur le pont ? Ça doit être autre chose du coup… mais quoi ? Tom monte dans le mât pour faire une inspection complète. À peine pose-t-il le pied à bord que je sais que j'ai raison : son visage est souriant, rien de grave donc c'est bien la fixation de la poulie de spi au mât. Si ça avait largué en charge… Mon Dieu… Une fois de plus *Pen Duick VI* nous a prévenus, en laissant cette pièce bien en évidence. Merci, beau bateau !

23 janvier.

Ça y est, nous sommes par 50° sud ! Le Grand Sud, le vrai, les cinquantièmes hurlants, tout ça… Mais ils sont plutôt gentils avec nous pour l'instant. Hier une dorsale est passée, le vent a basculé, comme un vent d'anticyclone, sauf qu'il est monté de 13 à 30 nœuds en moins de trente minutes. Résultat yankee 2 sur yankee 1, trinquette légère à lourde, deux ris grand-voile. Air froid, bim.

On a galopé dans le Sud rejoindre *T9* pour tenter d'éviter de nous faire dégommer par la dépression tropicale qui descend alors que nous avons un anticyclone sous nous. Anticyclone + dépression = resserrement isobarique et donc beaucoup de vent, rafales de 50 nœuds attendues, au près dans du vent froid. Beurk.

Spirit of Helsinki et *Maiden* sont plus au nord, j'espère que ça ira pour eux. Ce matin, vacation de 21 heures, *T9* dégage sur le 12 méga : je l'entends incroyablement bien. Simon me demande si je peux les voir, nos positions sont très proches. Nico m'a appelée à la VHF, « Pen Duick VI *from* Translated 9 », « Translated 9 *this is* Cleopatra ». Cela doit lui faire bizarre au Nico de ne plus avoir Vittorio à bord.

En tout cas, nous sommes tous tristes de ne plus partager cette course avec Vitto, il me manque beaucoup, et même si l'homme est solide, ça doit être dur pour lui de se retrouver seul en Italie alors que la course se joue à l'autre bout du monde.

On se marre à bord : comme nous sommes en bas de la carte, on se demande si on peut tomber de la carte. Et si on tombe, est-ce que l'on réapparaît en haut de cette même carte, soit aux Marquises ?

En fin de journée, nous sommes à peu près par 50° 48 S et 145° 53 O… Ce délire…

T9 est légèrement au vent, on va vite, au soleil couchant, et avec du courant. A priori nous devrions passer sous la dépression tropicale, je crois que nous avons eu chaud aux fesses. J'espère maintenant que *Maiden*, *Spirit* et le reste de la flotte sont OK. Il ne fait toujours pas froid, c'est déstabilisant.

Message de bord.

Nous voici de retour dans le Sud, flirtant avec le 50e parallèle. À notre grande surprise, l'ensemble de la flotte a passé une semaine à se débattre dans des vents légers anticycloniques sous un soleil de plomb. Le Soleil étant très proche de la Terre dans cette région, il brûle la peau. Nous étions donc dans les fameux quarantièmes rugissants, en T-shirt, à se demander si nous aurions assez de crème solaire !

Depuis quarante-huit heures, nous revoici dans la grisaille du Sud, le vent commence à être soutenu, et nous nous apprêtons, si les fichiers ne changent pas, à nous retrouver coincés entre une haute pression et une dépression tropicale qui vient faire du tourisme dans le Sud. Du près et du vent fort à venir. C'est bizarre de partir d'Auckland... La moitié de la Terre est derrière nous, nous avons passé l'antiméridien et revenons donc dans les longitudes ouest : 170° O, 160° O, 150e O... et un jour ce sera le 05° O : la maison.

Le bateau à voile, comme le contact avec les chevaux, vous apprend à vivre dans le moment présent. Pleinement. Il faut savoir anticiper, prévoir, tout en laissant une grande place à l'improvisation, à l'adaptation. Seulement là, on sait que chaque mille nous rapproche de l'écurie. Et ça devient dur de ne pas laisser son mental penser au retour, avec tout ce qu'un retour comporte. Je réalise que cela fait déjà plus de quatre mois que nous sommes partis, et que fin avril, dans trois bons mois, nous achèverons cette aventure longue de trois ans. Il y a l'aspect maritime bien sûr : faire un tour du monde à la voile, en course et en équipage, reste une chance et une aventure uniques. Seulement, j'avais sous-estimé l'aspect humain. De beaucoup. L'aventure humaine a commencé au moment où j'ai diffusé l'annonce de recrutement de mon équipage, en janvier 2022. Depuis, nous avons rayé le parquet sur l'Atlantique pour nous entraîner, apprendre à nous connaître, et apprivoiser *Pen Duick VI*.

À force de me concentrer sur mon équipage, je n'avais pas envisagé l'autre facette de l'aventure humaine : celle que nous vivons avec les autres concurrents. Dès notre arrivée à Southampton, port de départ de l'OGR, j'ai compris que ce tour du monde, je n'allais pas le faire qu'avec mon équipage.

Quatorze bateaux de différentes nationalités. Américains, Finlandais, Anglais, Italiens, Espagnols, Sud-Africains entre autres… C'est très particulier car nous faisons un tour du monde de huit mois ensemble, et nous ne nous voyons que très rarement. En mer, nous sommes loin les uns des autres, mais grâce à la BLU, nous nous parlons deux à quatre fois par jour. En course au large moderne, nous parlons entre coureurs via WhatsApp. Ici, le fait de nous parler tous ensemble par radio, à la même heure, apporte une tout autre saveur.

Nous sommes une grande caravane, en pleine transhumance autour du monde. Aux étapes, nous essayons de passer du temps ensemble, ce qui n'est pas facile avec des bateaux qui n'arrivent pas en même temps, qui doivent ensuite être réparés, des équipages qui doivent bricoler et se reposer, l'arrivée de nouveaux équipiers et le départ de certains. « Être au départ est déjà une première victoire », dit-on, mais ici il y a huit courses. Il faut courir l'étape, et à chaque escale à terre préparer un nouveau départ. Pour certains, il faut gérer des problèmes d'équipage, des blessures, des événements extérieurs ou des tensions (quarante jours en huis clos, ça peut être long !).

Pour d'autres, il faut engager une course contre la montre pour réparer le bateau en très peu de temps, sans l'aide des fournisseurs habituels, ou encore courir après des financements pour boucler un budget, surtout s'il faut réparer.

Le bateau qui gagnera cette course sera celui qui aura réussi à garder la cohésion de son équipage, maintenu son bateau en un seul morceau et qui, en mer, saura appuyer sur l'accélérateur tout en gardant un pied sur le frein.

Je pense que chaque marin, équipier ou capitaine se sent un peu seul à l'autre bout du monde, loin de ses soutiens habituels, surtout face à autant de défis à résoudre. Alors nous développons entre nous un lien unique, basé sur une histoire commune, une aventure planétaire. Jamais, dans nos vies terriennes, ces liens ne se seraient développés aussi vite. Émotionnellement, c'est intense.

Alors entre nous qui partageons une même philosophie de vie et cette envie de nous rapprocher au maximum d'une navigation plus naturelle, les liens se resserrent davantage, des amitiés solides sont nouées.

Le brassage pros-amateurs permet de faire revivre une classe de bateaux formidables, techniquement et maritimement intéressants : les amateurs se forment pour devenir des marins complets, et cela développe l'entraide, l'ouverture, la camaraderie, la solidarité.

Surtout, cela nous donne une expérience de vie unique. Tout ça pour dire qu'il va falloir se concentrer pour vivre dans le présent et en profiter à fond, car je sais déjà que cette caravane va me manquer, que Vittorio, Nico, Heather, Ian, JC, Rufus, Dominique, Mélissa, Lionel, Mehdi, Mathieu... tous vont me manquer !

25 janvier.

Je viens de dévorer le livre offert par un ami, *La Vie matérielle* de Marguerite Duras. J'ai mis du temps à y entrer, mais une fois dedans... Déroutant, déconstruit, intime. J'ai aimé.

Nous sommes encore dans l'anticyclone : ce soir, le vent a molli. On avance toujours à 8 nœuds, toujours en tête dans les cinquantièmes, mais on est loin des grands surfs du Pacifique tant attendus. La vie à bord est bonne, l'équipage s'est lancé dans un tournoi sans fin de belote contrée. Je ne sais pas combien de parties ils arrivent à faire par jour, en tout cas ils ne se lassent pas !

Je me demande à quoi va ressembler Punta del Este. Avant de partir, mon ami Ronan m'a branchée avec une amie à lui, Laura, qui a un ranch et va organiser notre arrivée. Mais comme il aime faire des blagues, je me méfie un peu : je me souviendrai à vie du jour où il avait appris que j'allais en Patagonie avec le *VI*. Ronan m'avait recommandé un superbe salon de thé à Ushuaïa, et je me suis retrouvée avec ma mère et tous ses amis dans un bar à entraîneuses ! Je devais avoir 19 ans, un chouille naïve. Merci Ronan !

26 janvier.

L'impression de vivre encore et encore la même journée. Toujours dans l'anticyclone, pas de vague, aucune houle, 10 nœuds de vent, on file à 7,5. Piling de spi ce matin, basculé sur woomper. J'espère que *T9* n'a pas plus de vent au sud, de toute façon il va falloir qu'ils remontent. Nous sommes bientôt au deuxième waypoint, et deux jours après ce sera le point Nemo. C'est-à-dire, bientôt, la moitié du Pacifique. Et dans la pétole, toujours pas de dépression en vue – 15-20 nœuds, c'est pas fou. Ça ne me dérange pas de passer le Horn par beau temps, j'adorerais voir ce bout de caillou, mais ce n'est pas ce que l'on est venus chercher. Alors si on pouvait avoir les grandes glissades sous yankee tangonné… Au départ, nous pouvions arriver en même temps que les *Ultim* au Horn, maintenant, c'est cuit. Avant de partir, j'ai envoyé à Charles Caudrelier, Anthony Marchand et Thomas Coville un message, « RDV dans le Pacifique ! », et annoncé notre objectif : leur coller un tribord et passer le cap Horn en tête. Dommage.

27 janvier.

Nous avons passé le deuxième waypoint en compagnie de *T9*.

Top après-midi sous spi, reacher, puis spi lourd. Contente car j'ai donné le call au bon moment et depuis nous sommes plus rapides. Météo ce soir avec Passage Guardian (heureusement qu'il est là, lui). Redonné ensuite la météo par VHF à *T9* qui ne capte pas la BLU en ce moment. « *Hey neighbor, it's the girl next door!* »

Ce soir, toujours sous spi lourd, et après un petit cocotier by Gérald, je décide de rester en veille. Si avec ses qualités de barreur il peut se faire avoir, c'est que ce n'est pas tout simple.

À peine le temps de m'installer avec mon café pour dérusher les images du jour, gros shift de vent, qui passe du 260 au 190, on fait du 55 au lieu de faire du 120. Nous étions toujours sous voile d'étai et spi lourd, le temps de réveiller du monde pour affaler, nous perdons de vue *T9*, eux ont été plus réactifs. On n'a pas non plus les mêmes bateaux à manœuvrer.

30 janvier.

Samedi le vent est monté, dimanche on a bombardé !

Pendant quarante-huit heures, *Pen Duick VI* déboule au reaching, on pousse le yankee S fort, 35-40 nœuds de vent, nous sommes à 100 degrés du vent, ça surfe entre 15 et 17 nœuds, voir 21 pour Julia ! On colle 60 milles à *T9*.

Et dimanche soir, en quatre heures, on passe de 40 nœuds à pétole. Pris au piège entre deux fronts. Honnêtement, je n'ai pas bien compris. On se débat pour avancer, *T9* doit sûrement revenir sur nous.

Hier soir, un bateau nous a appelés à la VHF et en français. C'était tellement improbable que nous nous sommes regardés comme si nous étions victimes d'hallucinations.

Il se trouve que c'est un Français, concurrent de la Global Solo Challenge, François Gouin. Cela fait maintenant trois mois qu'il est en mer.

Je lui demande sa position afin que nous puissions recaler la nôtre, et un peu de météo, ce qu'il nous donne gentiment. Nous comprenons que nous sommes dans un marasme qui va durer un moment. Et comme nous sommes à la VHF, je lance un hameçon : est-ce que nos meilleurs ennemis sont dans le coin ?

— *A little cheers to* Translated 9*, who might be on the frequency…?*

Quelques secondes plus tard : Simon.

— *Hello Marie!*

Bordel… Ils sont tout à côté, je les entends super bien. Deux heures après, nous voyons leurs feux de navigation. Résultat : je n'ai pas dormi de la nuit, on a envoyé sept ou dix spi, fait des pilings de yankee et de spi (à trois avec Franck et Julia, *what a watch!*), couru après la voile d'étai que Hugo avait planquée avec les radeaux. Quelle frayeur ! On a retourné le bateau, au bout d'un moment, j'étais sûre qu'elle était passée à la baille… Et puis je me suis souvenue que Hugo l'avait déplacée de la piscine car elle bouchait les évacuations d'eau. Alors je le réveille, il me dit où elle est, et je fais un gros câlin de soulagement à la voile d'étai. C'était assez drôle !

J'ai monté la deuxième vidéo de l'étape, pas de message de bord. Starlink a bien mis 45 minutes avant de se connecter, mais j'ai pu envoyer la vidéo. Il doit y avoir un moins bon maillage satellitaire.

T9 est toujours derrière, on a hissé le reacher avant eux, et là on a décollé. Ce n'est qu'une petite victoire, mais elle fait du bien. L'idée est de sauver les meubles en attendant la prochaine dépression et tenter de les distancer à nouveau.

2 février.

On a passé le deuxième waypoint il y a quarante-huit heures, avec *T9*. Nous nous tirons toujours la bourre avec les Italiens vainqueurs de l'étape précédente. Vittorio Malingri n'est plus à bord mais le bateau n'en est pas moins rapide, et Nico, le fils de Vitto, sait parfaitement l'employer. Une navigation agressive, les écoutes dans les dents, Nico n'a que 32 ans mais déjà un sacré bagage maritime. En plus d'avoir tous les deux un fort esprit de compétition, nous partageons le poids de la responsabilité d'un héritage familial, la famille Malingri étant parmi les pionniers en matière de navigation en Italie.

Sans aucun doute, Nico est tout aussi obsédé de battre *Pen Duick VI* que je le suis de battre *T9*. Nous fêterons le vainqueur ensemble à Punta : amis à terre, meilleurs ennemis en mer.

Alors nous nous taquinons.

La veille au soir, j'ai aperçu tout au loin les feux de *T9*. C'était au soleil couchant, les premières étoiles apparaissaient, ce moment un peu suspendu entre le jour et la nuit, ce moment de silence qui marque la transition, qui nous rappelle toujours un peu que la nuit peut être dangereuse. Avant de partir autour du monde, j'avais lancé un appel sur les réseaux pour que l'on nous envoie des cassettes. Un déluge est arrivé à la Cité de la Voile Éric Tabarly. Il y en avait pour tous les goûts dont une cassette d'Ennio Morricone. Alors je prends la VHF, connecte le lecteur cassette aux enceintes et passe sans prévenir le générique de *Le Bon, la Brute et le Truand.* Ils ont halluciné en entendant les tambours puis la flûte !

Quelques heures après, nous passons le waypoint au petit matin, et je ne résiste pas à leur passer Queen : *I Want to Break Free.*

Ils répondent en chantant *Just the Two of Us.* C'est parti !

J'enchaîne sur un *Je t'aime moi non plus.* Leur réponse est inaudible mais il me semble que c'est *Come Together* des Beatles. Je clos par un *Via con me* de Paolo Conte.

Depuis, on fait du sud-ouest, tendance 95 en ce moment. On vient d'affaler le spi lourd, les 30 nœuds arrivent. Yankee S rehissé après une petite déchirure.

Une dépression est prévue. « Gale Warning », 50 nœuds avec 80 en rafale et 8 mètres de creux. Parfait pour passer le Horn donc. Charles Caudrelier est dans le coin, il a croisé *Sterna* hier.

Coup de chance, nous étions en pleine vacation BLU quand les deux se sont croisés : Mathieu de *Sterna* était à la fois à la BLU avec nous et en VHF avec Charles.

Gérald me demande de lui passer un message, de lui dire que sa grand-voile est mal réglée.

Alors la conversation avec Mathieu de *Sterna* devient inénarrable :

— Mathieu ! Dis à Charles que sa grand-voile est mal réglée

— Nan mais je ne peux pas lui dire ça !

— Mais si, tu dis que c'est de la part de *Pen Duick VI* ! Il comprendra !

— Charles, paraît que ta grand-voile est mal réglée…

Charles se marre, et je garderai sa réponse pour nous.

Je suis toujours un peu perdue dans les jours, même mon livre de bord est un peu à la ramasse. J'ai détressé mes cheveux, avec l'humidité c'était trop lourd, trop de poids sur les cervicales.

Curieux, d'habitude ça passe bien… Probablement, un signe de plus que mon corps fatigue.

On est par 55° Sud. L'eau est à 8 °C à peine. Mais, pour l'instant, il ne fait pas froid ; j'ai même enlevé ma Thermofil. Le moral est bon, surtout maintenant que l'on avance. *Maiden* a passé le waypoint avec *Neptune*, *Spirit* et *Triana*. Cette manche est vraiment improbable…

4 février.

Je suis perdue, je ne sais pas si nous sommes dimanche ou lundi.

À la dernière position de *T9* il y a vingt-quatre heures, nous avions 50 milles d'avance. On verra à 21 heures mais je crains le pire. Pas l'impression que nous ayons été très bons durant ces dernières vingt-quatre heures, peut-être un peu trop prudents sous yankee 3. En même temps, sans météo, c'est difficile d'anticiper et d'adapter son jeu de voiles. Hier, un centre dépressionnaire a probablement dû nous passer dessus, le vent fait à nouveau le derviche tourneur, dorsale peut-être… En tout cas, le vent revient dans l'instant : je crois que la moyenne n'est pas trop tombée, ce n'est peut-être pas si pire ? Nous sommes à 250 milles de la côte chilienne, je ne sais pas quand la dépression va entrer. Charles Caudrelier est toujours derrière, il y a peut-être une chance de passer le Horn avant lui finalement.

Tout va bien à bord, le bateau avance, l'équipage se marre, mais Noé a une plaie au pied qui ne guérit pas : Édith garde un œil dessus, mais l'humidité rend la cicatrisation compliquée.

9 février.

Le 4 et le 5, nous étions dans la dépression qui nous a catapultés au Horn.

Tout a commencé par les mots de Peter, notre ange gardien kiwi grâce à qui la flotte obtient un minimum de météo par BLU, et qui prévient les deux bateaux en tête de la flotte : *Translated 9* et *Pen Duick VI*.

— *All station, this is Passage Guardian Radio calling,* Pen Duick VI *and* Translated 9*, do you copy?*

— *Passage Guardian Radio, this is* Pen Duick VI *: copy you loud and clear, I'm standing by.*

— *This is Passage Guardian Radio, severe weather alert, gale warning for the area 53 to 60S, and 81W to the shore. Low pressure 946 hp. Wind NorthWest to North, 40 to 50 knots, gust 80 decresing east of the area to 30 35knt, gust 50.* Pen Duick VI, Translated 9*, did you copy all of it?*

— *Outch.*

Difficile de refaire le fil de l'histoire, mais en gros, nous étions sous yankee S, puis yankee tangonné. En l'empannant, on le déchire, pas sur une grande longueur, mais cela suffit pour que le tissu de la voile se prenne dans son propre mousqueton et pour que la voile s'abîme. Le yankee 2 remplace le yankee S. Le vent tourne, et rentre. On se retrouve dans 40-45 nœuds, avec des vagues de 6 à 7 mètres. Tout va bien, le bateau dévale les vagues, la moyenne est bonne aux alentours de 11,5-12 nœuds. Nous ne sommes que sous un ris grand-voile, alors nous tentons le deuxième ris, ce qui par rapport au vent est plutôt normal. Pourtant, on n'avance plus. Le bateau devient mou, impossible de le relancer correctement dans les vagues, alors on renvoie le ris. L'ambiance est sereine, les barreurs assurent et le vent ne fait pas de blagues. Je vais voir Tom dans la coursive, et soudain on entend l'hydrogénérateur qui fait un bruit de tronçonneuse. L'eau contre la coque du bateau fait un bruit jamais entendu, et surtout la coque se met à vibrer, mais vibrer… On se regarde tous en chiens de faïence. Et puis c'est passé… Le bateau est parti dans un surf en survitesse, le vent est monté d'un coup à 55 nœuds, on ne peut plus rester sous cette configuration de voile. Fait suer, on a essayé de réduire plus tôt : on n'avançait plus, et maintenant il nous faut réduire une grand-voile, au portant, dans du vent et un bateau qui roule. *Fuck.*

Mathys est à la barre, il a bien gardé son sang-froid pendant le surf, mais avoue avoir vu sa vie défiler. Franck et Julia étaient sous la casquette, eux ont vu le sillage du bateau, avec des gerbes immenses de chaque côté. Plus tard nous verrons dans les enregistrements que le bateau est monté à 28,3 nœuds, et donc probablement à plus de 29 nœuds surface, ce qui n'est pas du tout normal pour lui. Le temps de se préparer à la manœuvre (ris et changement pour yankee 3), Mathys part au lof. On choque et nous reprenons la route sans gravité.

La manœuvre sur le pont est engagée, Gérald et Tom s'affairent à l'avant, je reste à la barre avec Mathys pour lui annoncer les vagues, direction, force et taille, afin qu'il puisse anticiper sa barre sans se retourner toutes les cinq secondes.

Le vent est maintenant établi à 55-60 nœuds, vagues de 8 à 10 mètres.

Gérald enlève une latte de la grand-voile (belle figure de style sur la bôme) que nous pensions abîmée mais qui s'avère finalement intacte. Ouf !

Nous resterons un moment dans cette dépression, et sous cette configuration.

Avec 55 nœuds dehors, les quarts de barre s'enchaînent, l'équipage est concentré, adrénaline à bloc. Mais cela n'empêche pas le pôle animation de fêter l'anniversaire de Hugo, en organisant une énorme bataille de ballons de baudruche, avec des colliers hawaïens, un gros gâteau avec des bougies alors que ça cartonne dehors… Cet équipage est fou.

Cette dépression nous offre la splendeur du Sud : des vagues de 8 à 10 mètres, des lumières perçantes, de l'eau grise, verte, bleu nuit ou blanche selon les heures, de la houle souvent croisée, quelquefois organisée, le vent qui décolle l'eau des vagues et qui dessine de grandes traînées blanches, de l'écume partout, des dauphins un brin téméraires, des surfs à n'en plus finir, quelques manœuvres un peu chaudes, et enfin, à 5 h 30 UTC ce 6 février, le phare du cap Horn nous appelle à la VHF pour son traditionnel contrôle. Les portes de l'Atlantique nous sont ouvertes, autorisation de refaire du nord accordée : il est temps de laisser le Grand Sud et les albatros derrière nous. Le jeu n'est pas fini, les dangers sont toujours présents, la course loin d'être terminée, il ne faut pas se relâcher… Mais quand même, ce bel équipage est maintenant cap-hornier…

Honnêtement, ça fait quelque chose quand le gardien de phare du cap Horn vous appelle. Vraiment l'impression d'avoir la bénédiction du gardien des portes entre le Mordor et la Terre du Milieu. Il nous demande nos identifiants, le nombre de personnes à bord, notre destination et nous souhaite un passage en sécurité.

Je dois donc honorer ma promesse : percer l'oreille de Franck qui voulait son anneau au Horn de la main de son capitaine. Franck qui il y a deux ans n'avait quasiment jamais barré un bateau se retrouve cap-hornier à bord de *Pen*

Duick VI, et se révèle l'un de mes meilleurs barreurs.

Lui et moi commençons à avoir dessiné quelques lignes sur le planisphère, et nous voici maintenant cap-horniers ensemble.

À la vacation suivante, on apprend que *T9* est à 40 ou 50 milles derrière. On est dégoûtés. Comment ont-ils fait ? Je ne vois pas comment nous aurions pu aller plus vite. Ils ont dû attaquer comme des sagouins.

En revanche, Charles Caudrelier est toujours derrière.

On s'engage dans le détroit de Le Maire, la journée pour y aller est magnifique, je retrouve l'atmosphère de la Patagonie que le *VI* et moi avons connue lors d'une croisière il y a vingt ans. Ça donne presque envie de s'y arrêter.

Pétole. Dans le détroit nous n'avons plus un brin d'air, mais une houle bien active et de face. On n'avance pas et *Translated 9* doit probablement revenir derrière.

La nuit tombe, on aperçoit un feu de tête de mât, il va plus vite que nous, mais pas bien vite quand même. C'est Charles. Et après une longue période à se rater, nous sommes enfin au même moment sur la même fréquence.

— Comment vas-tu ?

— Comme quelqu'un qui a passé en tête le Horn, en solo à bord d'un trimaran volant, c'est dingue…

Gérald, Charles et moi discutons un moment ; ce silence quand on lui dit que nous avons fait plus de 28 nœuds ! Il a l'air d'être en pleine forme, le bateau aussi. Plus qu'à rentrer sans rien casser.

Lui s'est arrêté avant la dépression, alors que nous nous sommes jetés dedans. Avec un peu de recul, c'est un peu dingue que nos deux bateaux se croisent. L'un fait pour être au mauvais endroit au mauvais moment, l'autre qui peut se positionner pour sauter de système météo en système météo et ainsi éviter le très gros temps.

J'espère que ce *Gitana* aura lui aussi la chance de toujours être là dans cinquante ans…

Il nous donne un peu de météo : la suite ne va pas être simple.

Translated 9 est donc sous notre vent, à une vingtaine de milles. Le « jamais deux sans trois » galope dans ma tête. Cette manche est pour nous, il reste encore 800 milles, rien n'est joué, ne rien lâcher.

10 février.

Samedi, c'est donc jour de… ? Je m'étais juré de redevenir raisonnable sur la bouffe après le Horn, c'est raté. Entre les bons petits plats d'Estelle et les sacs de dotation…

Tous les lundis, Estelle nous distribue un sac de friandises, biscuits, bonbons, etc. J'ai voulu ce fonctionnement car sur les deux transats d'entraînement, certains se jetaient sur les gâteaux, et d'autres en mangeaient moins. Maintenant, tout le monde gère son propre stock, et certains comportements apparaissent. Il y a les écureuils qui stockent, et les cigales qui déglinguent tout en vingt-quatre heures. Le troc a la part belle, le cours du Snickers varie d'une coursive à l'autre.

De temps en temps on se retrouve avec des trucs un peu bizarres, comme sur la deuxième étape, où Véro a eu la bonne idée d'ajouter des surprises dans nos dotations. J'hérite d'une boîte à sardines, super jolie, je me la réserve pour plus tard, une bonne boîte de chocolats ça se savoure au moment choisi.

Seulement, une nuit, j'entends Franck et Julia parler sardines, Véro est aussi dans le carré, et là je percute : malgré la déco vieillotte de la boîte, il ne s'agit pas du tout de sardines en chocolat. Vu leur fou rire, ma tête a dû se défaire, tristesse et déception ! Heureusement que je n'ai pas ouvert cette boîte dans mon sac de couchage, je n'ose imaginer faire les deux étapes avec un sac puant la sardine en boîte !

J'apprends donc que ce qui se troque le plus à bord sont les sardines en boîte : un mystère pour moi.

Il fait super humide, même le papier de ce journal est humide.

Nous sommes à 660 milles de Punta environ, aucune nouvelle de *T9* pendant quelques vacations. On a beau faire notre course, être sur les réglages, je me colle trop de pression.

Malheureusement à la vacation de 6 heures, celle des Frenchies, j'apprends que *T9* se déroute vers les Falklands. L'organisation a envoyé un message à la flotte que je n'avais pas encore reçu. Nous n'avons pas d'info, nous savons juste que c'est un problème sur la coque. Les hypothèses vont bon train à la BLU : le bateau a été très optimisé, très allégé, peut-être trop ? Est-ce le réglage du nouveau mât, changé au Cap, qui a trop cintré le bateau ? Ont-ils tapé dans quelque chose ? En tout cas, réparer aux Falklands ne va pas être simple. *Wait and see.*

Je me suis éclaté la cheville gauche bêtement, en larguant un ris dans l'artimon, le pied qui se pose là où il ne faut pas. Bel œuf face externe, douloureux face interne. Je ne compte plus le nombre de mes entorses... À cela se rajoute ma douleur à la mâchoire, probablement une infection sous une dent : après le côté gauche sur la deuxième étape, c'est maintenant le côté droit. Il est temps que l'on arrive.

11 février.

Temps de dingue. Deux jours dans de la pétole, aujourd'hui grosse brume, pluie, pas de vent. Fin d'après-midi, le vent monte, on redécolle.

On affale l'artimon, puis premier ris grand-voile. Bon, OK, yankee 2. Heu… deux ris grand-voile ? Il n'y a pourtant que 25-30 nœuds et on est en vrac. Rien sur le weather fax (on est en limite de réception), ça ne devrait pas durer. Heu… yankee 3 trinquette lourde, c'est parti.

Troisième ris, je repars au cap, nous sommes toujours en vrac. On affale la grand-voile, deuxième ris artimon et là, enfin, ça bombarde avec un bateau équilibré : 40 nœuds au max à 90 degrés du vent, pas compris que l'on soit autant en vrac.

Avec Édith, nous venons de vivre un moment incroyable : nous étions de nuit, toujours dans le vent fort, ça va vite. Les vagues sont belles, un petit 4 mètres, mais par vent de travers c'est plutôt agréable. Surtout nous voyons les vagues à perte de vue, sur tout l'horizon. Nous avons l'habitude de voir le sillage du *VI* dans le plancton phosphorescent. Grâce à ce plancton, nous pouvons voir de très loin les dauphins qui pensent arriver en mode furtif, ou même les énormes méduses qui se heurtent à la coque (elles doivent probablement remonter la nuit car on n'en voit que très rarement le jour). Là, on se croirait dans *Avatar* : toutes les vagues sont fluorescentes, et à perte de vue. L'écume des vagues est fluo, on voit tout un champ de bosses autour de nous, l'océan est vraiment immense, et nous, nous dévalons au milieu de tout ça. Ça brille de partout, c'est vivant, c'est magnifique.

Édith et moi avons un énorme sourire, à la limite de l'euphorie. Nous savourons ce moment unique, probablement un de mes plus beaux souvenirs jusqu'ici.

12 février.

Heather de *Maiden* et le reste de la flotte partent dans un grand délire « Saint-Valentin » à la BLU. Heureusement nous sommes censés arriver avant et nous y échapperons !

Ma dent me fait terriblement souffrir ; Édith augmente les médocs : je suis maintenant un brin *stone*, sous codéine en plus de l'amoxicilline.

Nous venons d'essuyer un orage impressionnant, où pendant toute la nuit nous avons eu des éclairs. Nous étions au près, bâbord amure. À ce moment-là, l'orage était loin, mais nous pouvions voir des éclairs très actifs. Mais bon, il est derrière nous, et nous sommes au près… Raté. Il remonte au vent. Lentement mais sûrement, toute la nuit nous l'avons vu se rapprocher. Impossible de lui échapper, nous ne sommes pas assez rapides. Et puis les éclairs en mer, on n'en est jamais très fan… Ma mère m'a toujours dit de ne pas crier avant d'avoir mal, alors on patiente, et les premiers nuages nous passent dessus. Dans la nuit noire, on ne les distingue pas bien mais on arrive à apercevoir des masses très noires dans un ciel un peu plus gris. Elles donnent l'impression d'être de gros vaisseaux spatiaux, qui passent sans nous voir et sans un mot. Les premiers nuages ne disent rien, le vent change en direction dessous, mais n'augmente pas en force. On ne voit plus d'éclairs. Au fur et à mesure, nous voyons le ciel s'éclaircir, et de moins en moins de nuages à venir. Ce n'était donc pas si terrible ! Et pile à ce moment, alors que nous nous apprêtions à négocier le dernier nuage, on entend du tonnerre, et on se prend une cartouche. Le vent monte fort, la pluie arrive, et c'est parti pour un tour de machine à laver. Saloperie. Ça nous a coûté une manœuvre en urgence, un joli départ au lof, et de l'adrénaline à bloc toute la nuit. Personne n'aime les orages.

Je prends un peu de repos au lever du jour ; ma dent rend mon sommeil quasi impossible. Chaque fois que le bateau se lève dans la houle, ça fait mal. La douleur entre dans l'oreille, vivement que l'on arrive.

Fin de matinée, je retourne sur le pont, Hugo est à la barre, avec le sourire un peu crispé du « Tadaaam, surprise ! Heu… comment te dire… Je ne veux pas pourrir l'ambiance, mais il va se passer un truc ! » Au-dessus de lui, un arcus, cette espèce d'énorme nuage en forme de rouleau compresseur. Il prend tout l'horizon.

À son approche, on réduit tout. Oui, il n'y a que 13 nœuds, mais ce truc cache quelque chose. On passe de yankee 1 à 3. Une fois sous le nuage, le vent reste stable et finalement monte à 55 nœuds. Mais tranquille : la mer est plate, ça se passe bien.

Et pour bien finir la journée, le vent est resté assez fort, je suis de plus en plus stone et commets une erreur, nous sommes sous yankee 3 et devons empanner. Nous devons arriver demain et je veux assurer, alors pour éviter de prendre un risque inutile pour la grand-voile, je choisis de virer. Sauf que je merde mon aulofée, le yankee 3 se met à battre, et dans le virement se déchire. Nous aurions dû l'affaler, c'était évident, mais le mix fatigue et médocs… Faut que ça se finisse, j'ai envie de m'ouvrir la gencive, je n'en peux plus. J'ai envoyé un message à l'organisation via le message quotidien que nous devons envoyer par téléphone satellite, pour leur demander de prévenir Laura, notre contact à terre, afin de trouver un dentiste en urgence.

Nous arrivons à Punta del Este le lendemain, dans une mer assez formée et une eau verte-marron pas très jolie. C'est dommage car les jours suivants, le plan d'eau sera plat et bleu !

Enfin, *Pen Duick VI* tient sa victoire, sa première victoire sur une étape de course autour du monde.

S'il y en avait une à gagner, c'était celle-là. Passer le Horn en tête, puis gagner l'étape, ça, personne ne pourra jamais nous l'enlever !

Jusqu'au bout, la météo nous aura joué des tours, jusqu'au bout il a fallu tenir.

Il y a quelques bateaux sur le plan d'eau, la houle causée par les hauts-fonds devant Punta rend l'arrivée un peu compliquée. Il y a beaucoup de monde sur la digue, mais nous pensons que c'est pour un autre événement : pour l'instant, les arrivées ont été plutôt discrètes. En fait, tout cela est bien pour nous, et pour la première fois nous arrivons à quai sous les applaudissements !

Je n'ai jamais été fan des arrivées de jour, où je me sens exposée. La nuit a ce je-ne-sais-quoi qui protège, garde de l'intime, de la distance. Et c'est bien plus pratique pour faire la fête alors que là, nous arrivons en fin de matinée, et la fête va nous passer sous le nez. On est fatigués, alors le temps d'attendre ce soir, on va probablement s'écrouler.

Le bateau est cul à quai, il nous faut attendre la passerelle donnée par le Yacht-Club pour débarquer. Je commence les interviews… mais l'équipage n'attend pas la passerelle !

Ils se jettent à l'eau, hurlent « Marie ! » et après quarante jours sans douche, on se retrouve enfin dans l'eau !

De retour sur le quai, je rencontre enfin Laura, notre locale de l'étape. Il n'y a pas mieux pour la décrire : un ange.

Je chope rapidement un sac avec trois affaires dedans, change mes vêtements trempés pour d'autres qui ne sentent pas meilleur, et Laura m'emmène chez un dentiste... qui ne trouve pas de solution. Pire : pendant dix jours, la moitié de mon visage va enfler. Pas le droit de sortir, de se mettre au soleil, pas d'alcool, et, chaque jour, je dois passer chez le dentiste ; ça sent les vacances bien reposantes.

Après dix jours d'infection en mer, c'est reparti pour un tour.

Heureusement, Laura nous a déniché une *crew house* incroyable, où tout le monde se sent bien. En plus d'être à cinq minutes à pied du bateau, il y a de grands espaces communs, de belles chambres, une piscine et vue sur la mer. Laura, merci !

La deuxième bonne nouvelle est que Momo, notre super Momo, est présent, et va nous filer un coup de main. Le bateau n'a pas une job list importante, mais cela va bien soulager Tom et Kai qui commencent eux aussi à accuser le coup de la fatigue de rester si longtemps en mer autour du monde.

22 heures, extinction des feux pour tous !

Maiden et *Spirit* se livrent une belle bataille sur l'eau, et le 16, soit trois jours après nous, *Maiden* franchit à son tour la ligne d'arrivée, avec à peine une heure d'avance sur *Spirit*.

À terre, nous prenons la mesure de la situation de *Translated 9*, les images sont impressionnantes. Au cas où, Nico avait déjà préparé les radeaux, c'est dire !

Leur projet est de réparer (ils ont réussi à bricoler un ber et à sortir le bateau de l'eau), repartir en mer, franchir la ligne, ressortir de l'eau à Punta pour vérifier les réparations, et prendre le départ de la quatrième étape avec nous. Ambitieux, mais ça peut passer et ils repartiront épuisés…

Pour nous au contraire, cette escale est synonyme de repos. Le bateau va bien, nous avons une belle maison, il fait beau, la viande est exceptionnelle, on profite de la piscine et de son barbecue. Surtout, comparé à Auckland où la situation était compliquée, nous avons ici de la stabilité.

Le chassé-croisé d'équipages se fait : certains comme Hugo et Anne restent à bord, mais pour Franck, Julia, Mathys, Noé et Édith, c'est fini. Ils ne rentreront pas tout de suite en France, autant profiter des trésors de l'Amérique latine.

Étape de repos, mais soyons honnêtes, elle est bien festive aussi ! Il n'y a pas grand-chose d'autre à faire : Punta del Este est une cité balnéaire, et nous, les équipages, savons que c'est le dernier moment que nous passerons ensemble. C'est drôle : tout le monde voit l'échéance arriver, personne ne veut s'y projeter.

Après Punta, nous n'aurons plus l'occasion de tous nous revoir en même temps, alors nous profitons, et notre maison devient le théâtre de *pool parties* plus ou moins arrosées.

Au bout de dix jours, je peux enfin rejoindre la fête, ma dent est arrachée, je revis !

12

« C'est sur scène que Jimi Hendrix cassait ses guitares… » Quatrième étape de l'OGR. Punta del Este (Uruguay) – Cowes (île de Wight, Angleterre)

6 mars 2024.

Nous voici de retour en mer pour la quatrième étape. Difficile de nous quitter hier, ce n'était pas le même départ que d'habitude, les équipages étaient tous un peu perdus… On a beau savoir que dans ce monde moderne, grâce aux réseaux sociaux, aux moyens de transport, il est facile de se revoir, nous savons tous comment ça se passe : le temps défile, trop vite ; nous retournons dans nos vies et perdons le contact…

Ce sentiment disparaît une fois en mer et la houle ramène tout le monde à l'ordre. Devant Punta, des hauts-fonds lèvent une houle infecte, la même que le jour de notre arrivée, vraiment pas de chance. Nico et moi avons passé un gentleman agreement pour le départ : prendre un départ tranquille, *no stress.* Résultat : on arrive tous les deux trop tôt sur la ligne, *T9* nous passe au vent à Mach 12 avant de nous passer devant, abattre et empanner pour revenir se positionner. C'était tellement prévisible ! Mais nous y avons cru.

L'équipe est concentrée pour faire avancer le bateau malgré la forte houle, ambiance saut de talus. Une fois que nous abattons pour passer la pointe, nous sommes en tête de la flotte. On ouvre les voiles, la plage avant prépare le spi, tout va bien. Nous relâchons le ris grand-voile pour prendre de la puissance.

Et soudain, je vois Guillaume, dans l'eau, qui passe sous mon bâbord… Je ne peux m'empêcher de lui jeter un : « Mais qu'est-ce que tu fous là ? » tout en poussant aussitôt la barre pour me mettre face au vent. Le pont s'organise rapidement, comme à Lorient lorsque nous avons répété cette manœuvre. La flotte arrive, il ne faut pas traîner. Je les préviens à la VHF, la grand-voile n'est pas hissée entièrement mais on arrive à virer, empanner, et revenir se positionner auprès de Guillaume. En moins de quatre minutes, il est à bord, incident clos, nous reprenons notre route. On en était où déjà ? Ah oui. Spi ! Car pendant ce temps-là, *Translated 9*, *Spirit* et *Maiden* en ont profité pour nous dépasser.

Guillaume part se changer et se reposer dans le bateau. Passer à l'eau pompe beaucoup d'adrénaline, il y a un bon coup de barre ensuite. Pour l'avoir vécu moi aussi, je lui demande donc de rester à l'intérieur.

Nous voilà bord à bord avec *Triana*, et au fur et à mesure, nous les laissons sur place.

Trente minutes après l'incident, nous sommes bord à bord avec *Translated 9*. Quarante-cinq minutes plus tard, nous voilà en tête de la flotte.

Une démonstration. Sans le vouloir, on a mis un bon coup de pression à la flotte ! Avant de partir, je l'avais annoncé : l'équipage du *VI* est bouillant, ce n'est pas du sang qu'ils ont dans les veines mais de la lave. Bon, il se trouve que l'un d'entre nous avait un peu chaud, il a dû se rafraîchir !

Un peu plus tard, Nico m'appelle à la VHF : « *What the fuck guys, what was that ? You were super fast, well done…* » On le sent à la fois dégoûté et impressionné, c'est bien.

On ne va pas vous la donner celle-là, même si vous avez fait un bon boulot pour être au départ !

Nous y voilà, la manche qui va nous permettre de boucler ce tour du monde, et accessoirement de rentrer à la maison. Le stop à Punta del Este fut salvateur : après avoir éteint des incendies à coups de pelle lors des escales du Cap et surtout à Auckland, à la suite de quelques mauvaises surprises budgétaires qui nous ont cueillis à l'arrivée, ce fut vraiment agréable de pouvoir se poser, dans le même endroit pendant deux grosses semaines et de décompresser. Pour la première fois, j'ai pu ranger mes vêtements dans une penderie et des placards, et j'ai trouvé ça dingue ! Le bateau n'avait quasiment pas besoin de maintenance, juste l'entretien de routine, l'équipage du Sud partait, les anciens de la première manche revenaient, tout roulait.

Une de nos grosses différences avec des bateaux de course modernes réside dans le montant des budgets. Dès que le bateau arrive au port, les navigants partent en vacances pendant que l'équipe technique prend le relais. Nous, nous devons assurer toute la maintenance du bateau, rincer, ranger, trouver sur place tous les fournisseurs pour des pièces souvent uniques et vintage, trouver une voilerie acceptant de réparer les voiles à bord sous peine d'être taxés de pénalités, préparer l'avitaillement de la prochaine manche, etc. Sans oublier de se reposer si possible. Pour ma part, je passe très peu de temps à bord, mon travail se passant dorénavant derrière un ordinateur. Encore une fois, l'équipage du *VI*, pro et amateur, a fait un très bon travail. Je savais qu'être au départ était une première victoire, ce que je ne savais pas c'était qu'être au départ de chaque manche serait chaque fois une nouvelle victoire !

Mais nous y sommes. Grâce à de bons anges gardiens et à une foule de personnes autour de nous qui croient dans cette aventure, nous allons avoir la chance de finir cette boucle.

« C'est sur scène que Jimi Hendrix… »

J'ai pour habitude de dire que la chance, c'est les intérêts du travail. Et s'il y en a qui ont travaillé, ce sont nos « meilleurs ennemis » de *Translated 9*. Après avoir dû se dérouter aux Falklands suite à l'avarie de leur Swan (délaminage de la coque), ils ont réalisé une vraie mission commando pour sortir le bateau de l'eau dans cet endroit perdu, réparer, reprendre la mer, et être à Punta del Este quatre jours avant le départ. Mais une fois arrivés, ils ont dû ressortir le bateau de l'eau pour vérification et effectuer, encore, quelques réparations. Alors, lorsque *Translated 9* se présente sous spi devant la jetée de Punta, quasiment tous les membres des équipages de l'OGR sont sur la digue pour les ovationner ! De notre côté, nous leur avons offert une mémorable soirée pool party réunissant pas mal d'équipages dans notre crew house.

Ils sont fatigués et ont fini l'avitaillement à quelques minutes du départ de la course. Mais ils sont là avec nous et notre bataille sur l'eau peut reprendre. N'ayez crainte, ce n'est pas parce qu'ils ont fait un job de dingues qu'on va les laisser passer ! Nico Malingri et moi avons tous les deux notre histoire à écrire, tous les deux des millions de raisons de gagner cette dernière étape. Une chose est sûre : nous sommes agressifs sur l'eau, nous poussons nos montures et nos équipages, mais nous serons très heureux de nous retrouver à l'arrivée à Cowes, et encore plus fin juin pour fêter le vainqueur en Italie, où aura lieu la remise des prix de l'OGR.

En fait, une course en quatre étapes, c'est un peu comme le concours complet à cheval, pour ceux qui connaissent, n'est-ce pas, Catherine Chabaud ?

La première manche : descente de l'Atlantique. L'équivalent de l'épreuve du dressage. Finesse, rigueur. Pas d'adrénaline ou de grand danger, mais beaucoup de précision et de la technique. Deuxième et troisième manches : le Grand Sud. Autrement dit : le cross, là où l'on galope comme des malades à 550 mètres par minute, en sautant d'énormes obstacle fixes, où la confiance du couple cavalier-cheval est primordiale. Adrénaline à bloc, l'épreuve est longue, intense et dangereuse.

Enfin, la dernière étape-épreuve : le saut d'obstacles. Des obstacles mobiles qui peuvent tomber, pour tester la fraîcheur, le respect et la concentration du cheval après les deux autres épreuves. Pour nous, c'est la remontée de l'Atlantique, avec tous ses pièges et après sept mois de mer. Vraiment plein de pièges : Cabo Frio, front froid atlantique, pot au noir, anticyclone des Açores, golfe de Gascogne… L'air est chaud, les voiles usées, leurs plages d'utilisation sont donc différentes. Les bonhommes aussi sont fatigués… À prendre en compte dans les décisions.

Ce départ de Punta n'était pas comme les autres. Nous savions que c'était le dernier, que nous ne nous reverrions pas tous à Cowes, et qu'en un sens c'était déjà un peu le temps des adieux. Beaucoup d'émotion dans l'air, les regards de tous se perdent, personne n'a envie de se dire au revoir. Il y a trop de différence entre les premiers et les derniers de la flotte pour pouvoir attendre tout le monde, alors ce matin, au moment de me lever, je n'avais pas trop envie d'aller en mer…

Mais dès que mes mains se posent sur la barre, dès que je croise le regard de Nico Malingri, ce sentiment disparaît, tout comme le gentleman agreement passé ensemble la veille : « Pour le départ, cette fois-ci, on y va mollo, on ne gagne pas une course sur un départ, et il y a beaucoup de mer. » Mouais. On n'a pas pu s'en empêcher ! Chauds bouillants d'en découdre, nous voilà tous les deux trop tôt sur la ligne, morts de rire devant cette situation si prévisible pour qui nous connaît. Depuis, *Pen Duick VI* et *Translated 9* se livrent une belle bataille type match racing, voulant l'un et l'autre arriver le plus rapidement possible à Cowes. Et en même temps… si ça ne pouvait jamais se finir… Toujours pas rassasiée, toujours pas l'envie de rentrer, ni de les quitter.

7 mars.

Bientôt minuit, vacation dans quinze minutes.

T9 est aux fesses, on a passé la journée dans l'anticyclone, comme prévu. C'est toujours moins stressant en début de navigation car nous avons les scénarios météo que Doule, notre nouveau tacticien, a préparés à terre avec Christian Dumard, alors nous comprenons ce qui se passe et nous savons que ça ne va pas durer.

Don, l'organisateur, m'a saoulée à me demander le nom de l'équipier passé à l'eau. Il me dit que les familles s'inquiètent. Il n'avait qu'à ne pas en parler, il ne s'est rien passé, et il ne m'a pas demandé l'autorisation d'en parler ; nous ne voulions inquiéter personne, et Guillaume ne souhaite pas dire que c'est lui. Don est vraiment pénible à force de toujours tout tourner en mélodrame.

8 mars.

Nous avons viré à 3 heures du matin, *T9* a viré dans la foulée. Ils étaient un peu plus haut et plus en avance grâce à l'écart latéral. Dans la journée, on marche mieux et ils se retrouvent derrière nous. Nous venons tout juste de revirer, ils ont suivi ! Sauf qu'ils ont viré trop tôt, ils auraient dû attendre et nous dépasser avant de virer.

Pas mal rêvé aujourd'hui : notre retour, la maison, les amis, revoir mes chevaux, mon poulain Qashmir a dû tellement grandir… Le printemps à moto, la remise des prix à Rome, peut-être en profiter pour passer un peu de temps en Italie ? Surtout envie de voir des copains, de passer un bon moment là où la table est bonne et les amis précieux. Ah, un bon gueuleton chez Éric Ospital. Ne plus être sous pression et surtout, ne plus avoir à prendre de décisions…

9 mars.

Samedi, et donc ce soir c'est… ?

C'est drôle comme ça marche chaque fois. Systématiquement, au moment où Véro met les oignons et lardons à cuire, le bateau commence à sourire, et tous se regardent en salivant.

Quelques instants après ma prise de notes, nous avons vu *T9* virer. D'un seul coup, son feu est devenu rouge, alors nous revirons dans la foulée pour les suivre.

4 heures du matin, *T9* appelle un cargo, celui que nous venions d'appeler quelques instants plus tôt.

Nico de *T9* m'appelle ensuite à la VHF et nous papotons un moment, ils ont viré car c'était trop dur pour eux sur l'autre bord, les vagues étaient trop courtes, le bateau souffrait. C'est dommage, pour nous ça se passait bien ! Ils sont fatigués, ils n'arrivent pas à récupérer des semaines de chantier. Entre le mât changé au Cap, la sortie de l'eau en Nouvelle-Zélande et cette avarie, ils n'ont pas été épargnés.

Nico est pour la première fois officiellement capitaine de *T9* sur cette course, en un sens ça le soulage de pouvoir faire comme il veut et en même temps, la pression est grande. *I feel you man…*

10 mars.

Enfin ! J'ai essayé la combinaison grand-voile affalée en restant sous artimon haut et voiles d'avant, et ça marche tellement bien ! Je ne sais pas pourquoi je n'ai jamais eu les c... de le faire avant, j'y ai souvent pensé mais... Enfin, si, je sais : toujours ce satané manque de confiance en moi. Certaines fois, je me sens tellement jugée que j'ai peur d'essayer des trucs et de me planter, d'envoyer l'équipage en manœuvre pour rien, alors que chaque fois que j'hésite ils me disent qu'ils sont là pour ça, qu'ils sont heureux d'aller en manœuvre.

Tom fatigue, son corps commence à lui faire mal. Lui qui est une boule d'énergie, très musculeux, s'étire de plus en plus. Lui d'ordinaire si patient et si doux commence à être plus susceptible. Rien de grave, mais il va falloir le préserver. Nous venons d'essuyer un front, ou plutôt ce que l'on pense être une dépression. On espère une bascule de vent qui nous fera virer dans les douze voire vingt-quatre heures. Doule est super investi, il s'est très bien intégré à l'équipage. Hugo a une nouvelle fois beaucoup travaillé en amont pour préparer la météo, les deux forment un bon binôme et Hugo apprend beaucoup.

Plus de nouvelles de *T9*, Simon était là au début de la vacation BLU et a disparu ensuite. Aucune idée d'où ils sont. J'aimerais bien parler de cette configuration de voiles avec Nico, mais je ne veux surtout pas lui donner l'idée !

13 mars.

Lundi matin, nous apprenons que *T9* a viré dans la journée de dimanche. Nous sommes les plus à l'est, avec une bascule de vent qui ne vient toujours pas. Le vent est au 30, le reste de la flotte a un vent au 130, voire même 200. On vire en urgence, on a les boules... On se retrouve quasiment derniers, pourtant les routages disaient d'aller full est, pour bien éviter Cabo Frio. Alors, qu'a bien pu voir *T9*, quelles informations supplémentaires ont-il eues ? Nous préparons tous les deux nos navigations avec Christian Dumard, nous sommes partis avec les mêmes infos. On tombe dans la molle, mais on se dit que c'est la première semaine, il en reste encore quatre. Surtout, je me dis que l'on est allés à l'est rapidement, il n'y a pas de raison de s'inquiéter. Au début, on galère en faisant un cap au 340, puis ça bascule, enfin. En on accélère ! Et non seulement on accélère, mais en plus la flotte ralentit ! *T9* et *Outlaw* sont à l'arrêt (60 milles en vingt-quatre heures) et nous, nous galopons dans du vent d'est. *Neptune*, *White Shadow* empétolés, *Spirit* et *Maiden* sont ensemble, *Maiden* a de gros problèmes de générateur et donc de dessalinisateur.

Le prochain à croquer, c'est *L'Esprit d'équipe*. La dernière position de *Triana* remonte, ils devraient toujours être du côté de *Spirit*, un peu derrière je pense.

Ça doit être dur pour *T9*. De la pétole alors que tu es fatigué, l'enfer pour les nerfs. Tellement heureuse de ne pas avoir viré en même temps qu'eux, peut-être même aurions-nous pu pousser encore plus à l'est ?

16 mars.

Dans le cockpit, sous les étoiles.

Nous avançons toujours dans la bonne direction, et contrairement à *Maiden* (et peut-être à *Spirit of Helsinki* et *T9* ?), nous avons du vent.

Belle remontada, nous passons devant *Maiden* et nous revoici dans le top 3 de la flotte. Option payante malgré le doute du début de semaine. On crève de chaud à bord : je commence à avoir envie de pays nordiques, de me jeter dans des bains froids.

20 mars.

Fait une chaleur à crever… Nous avons enfin fait le *break* avec le reste de la flotte. *T9* est à environ 300 milles, avec *Spirit*. *Maiden* est à 240 milles. Nous sommes toujours avec *L'Esprit d'équipe*, mais ils sont derrière. Ils font pour l'instant une très belle course, le bateau est rapide et notre duo ne devrait pas perdre de terrain jusqu'au pot au noir.

Je viens d'écrire mon message de bord, il mérite encore un peu de travail, mais je l'aime bien. À voir à la relecture s'il est bon ou pas. Je l'ai écrit dehors, au lever du soleil, en imaginant comment je pouvais raconter à un ami ce que je vois.

J'aime vraiment écrire. Je crois que j'aimerais écrire un livre, seulement je ne trouve pas l'axe. Dès que je trouve un sujet, ça sort tout seul, mais de là à imaginer des pages après des pages… Peut-être faire un livre différent, décousu… Écrire un livre n'est pas comme écrire mes messages de bord, et puis écrire à terre, dans ce brouhaha, je ne sais pas si j'en suis capable.

23 mars.

Pot au noir… Mon quatrième en deux ans. Rien à faire, c'est bien les chiottes du monde ici ! Notre avance a fondu, mais c'est normal. Depuis vingt-quatre heures, on fait du surplace, les autres reviennent mais pas très vite, et ils s'arrêteront aussi ici.

Je commence à avoir envie de voir des copains, Tite Marie, Zoon, Steph… Toujours pas rassasiée, toujours heureuse d'être avec mes Volon'Terre, mais ils ne sont pas mes amis. En mer, la hiérarchie s'impose, et avec, une barrière invisible.

Comme pour tout chef d'entreprise, la solitude du commandement est présente, et après tant de mois, elle commence à me peser. Avoir un retour d'affection et de compréhension me ferait du bien.

Et puis j'ai envie de remettre mes neurones en ébullition, développer ma pensée par des recherches, rencontrer des gens, vivre. Seulement, je n'ai pas encore envie de rentrer, de revenir dans le monde des terriens, je préfère le rythme du bord. En revanche, très envie d'une salle de sport, mon corps commence à faire mal. Nous ne marchons que très peu, et la salle de sport du *VI* n'est pas ouverte tous les jours, alors on se démuscle. Mon dos, mes épaules font mal, la reprise va être dure, c'est certain. Vivement la kiné… et un vrai grand lit ! En fait, ça irait si… j'avais une date de départ. Là, nous rentrons sans savoir quand nous allons repartir et ça me mine un peu. *Pen Duick VI* m'offre une vie incroyable, riche en élégance, en rencontres, aventures, connaissances. J'aime la vie qu'il me procure, j'aime découvrir de nouveaux endroits, de nouvelles personnes, j'apprends beaucoup.

26 mars.

On en a fini avec le pot au noir. Celui-ci fut corsé. Nous voici donc à faire du nord, ou plutôt du 350 environ, le vent étant au 30-40.

L'Esprit d'équipe est toujours avec nous, mais nous commençons à le distancer, nous sommes plus vite et plus haut.

Notre première menace est *Spirit*, mais tout va bien pour l'instant, il est à 190 milles de nous, soit quasi une journée. Le pot au noir était la plus grosse embûche. Il en reste encore beaucoup, on a encore des milliers de raisons de se prendre les pieds dans le tapis, mais pour l'instant, on déroule la partition. *T9* est *à-dreuz*, par 4° N 34° 20' O.

Kai a émis l'hypothèse qu'ils voudraient se positionner tôt pour contourner l'anticyclone par le nord. Si c'est ça, je leur souhaite bonne chance, vu la taille et la position du bazar, ça ne se contourne pas. Et ils sont capables de tout, même de revenir, mais c'est vrai que leur position ouest est étrange. Ils ont un vent au 30 qui les empêchent de faire du nord-nord-est, pour l'instant ils font du 345.

27 mars.

Peut-être que ce qui me manquera le plus une fois arrivée à terre est de vivre au rythme de la mer. Si seulement nous pouvions vous montrer ce que nos yeux ont la chance de voir… Malgré l'évolution des caméras, la réalité est bien loin de l'image rapportée. Aucune optique ne peut retranscrire avec fidélité la lumière, l'immensité, les odeurs, l'atmosphère…

En fonction des endroits de la planète, je préfère le jour ou la nuit. À terre, je préfère vivre la nuit, où je suis beaucoup plus créative. En mer, c'est un peu différent, la journée est moins stressante mais je profite quand même de la nuit pour écrire et monter nos vidéos hebdomadaires.

La nuit, il nous est beaucoup plus difficile d'appréhender les grains, de les voir se former, de savoir s'ils sont annonciateurs de vent ou de pluie, ou encore d'anticiper les manœuvres. Dès que je dois prendre la décision d'envoyer mon équipage sur le pont, le facteur sécurité clignote dans ma tête : une manœuvre ratée ou un homme à la mer sont des situations bien plus difficiles à gérer de nuit que de jour.

Les nuits du Sud étaient courtes, en moyenne six heures, cela écourtait donc ma période de stress. Elles étaient surtout très lumineuses, même en l'absence de lune.

Dans l'Atlantique Sud, surtout dans le nord de cette zone, la chaleur me fait préférer la nuit. Si le froid ou, pire, l'humidité sont pénibles nous pouvons nous adapter et nous couvrir pour lutter contre. En revanche, nous ne pouvons que subir la chaleur.

Aux latitudes proches de l'équateur, le soleil est de plomb, la coque en aluminium noir de *Pen Duick VI* se transforme en fournaise. Si le vent n'est pas trop fort et que le bateau ne gîte pas trop, nous pouvons ouvrir les hublots, le rêve étant d'ouvrir le capot de la soute à voiles, tout à l'avant, histoire de créer le plus de courant d'air possible. Mais ce n'est pas tous les jours possible et même comme ça, le *VI* est un véritable sauna. Si, comme Anne et moi, vous avez les bannettes au vent (côté soleil pendant les trois quarts de la journée) et en hauteur (l'air chaud monte), il est alors impossible d'y dormir de jour, malgré les petits ventilateurs individuels. Le matelas est brûlant, l'oreiller moite ; allongé, on y transpire : un enfer.

J'ai beau être à moitié créole, j'aime l'hiver, le froid, la pluie, la Bretagne et l'Écosse, le vent. De créole, je tiens assurément le sang chaud et l'amour du rhum, mais clairement aucune prédisposition pour endurer la chaleur.

Nous nous reposons très mal, nous réveillant en sueur. Heureusement que nous avons toujours un peu de vent et si par bonheur il y a un peu d'ombre sur le pont, l'endroit devient l'objet de toutes les convoitises. Pour ma part, je privilégie la soute à voiles : si le capot de la soute est ouvert, les spis sont les meilleurs matelas.

La journée est chaude ; la nuit en revanche est un bonheur.

Le spectacle commence au coucher du soleil, toujours sur notre bâbord. En général, tout l'équipage est sur le pont, profitant ensemble des premiers signes d'une fraîcheur toute relative, mais surtout de lumières chaque fois différentes, et parfois surprenantes. Nous sommes proches de l'équateur, et si la lumière est plate voire brutale le jour, les nuances de bleu et de rose au coucher du soleil rencontrent le bleu de l'océan, un bleu très chaud, alors que dans le Grand Sud la mer est plutôt grise.

Nous ne sommes jamais déçus : chaque soir la représentation commence à l'heure et est un succès.

Viennent les premières étoiles, Sirius et Canopus, les planètes Jupiter et Uranus, puis les constellations : Orion et la Grande Ourse bien sûr, mais aussi le Lion, le Scorpion, le Cocher, la Croix du Sud, le Sagittaire, les Pléiades, le Taureau, Éridan, le Centaure, l'Hydre femelle… Et le ciel tourne, de notre tribord au bâbord… Nous en voyons se coucher, nous en voyons se lever.

La lune au fil des soirs grandit, elle sera bientôt pleine. D'un côté, c'est agréable car elle nous éclaire presque comme en plein jour, d'une lumière blanche légèrement argentée. Nous pouvons voir nos voiles, ce qui nous aide à mieux barrer, et aussi voir le reflet de la lune sur l'eau. Regarder ce reflet, c'est plonger dans un état hypnotique, le regard pouvant rester fixé pendant des heures. Rajoutez à ça *Shine on You Crazy Diamond* des Pink Floyd et là… PNC aux portes, armement des toboggans, décollage.

D'un autre côté, nous sommes aussi contents quand la lune se couche, cela nous permet de mieux voir les étoiles. Je passe le paragraphe sur les étoiles filantes, vous imaginerez...

Contrairement au Sud, ici les nuits sont longues.

Vient l'aurore... Toujours sur notre tribord, les premières lumières arrivent. Par petites touches, le ciel devient d'un bleu de plus en plus lumineux, les étoiles, une à une, s'éteignent. Ce que je préfère : m'asseoir au vent et regarder les nuages. Ce matin, il y a beaucoup d'activité dans le ciel, avec de petits cumulus tout autour de nous. Pas de grains en vue, mais des nuages avec des altitudes différentes. Les vents sont plus forts en altitude alors les nuages évoluent à vue d'œil et bourgeonnent, vous donnant l'impression de voir un *time lapse* en temps réel. La température commence à monter, les premiers rayons du soleil frappent le haut des nuages, d'abord rose pâle, puis d'un rose de plus en plus soutenu, enfin rose-orange qui devient très orange, jaune, et plus le soleil se lève, plus le nuage devient blanc.

Ce sera le même scénario chaque jour, jusqu'à ce que nous soyons dans le sud de l'anticyclone des Açores, et donc dans l'hémisphère Nord, où le spectacle sera joué par la même troupe, mais avec une nouvelle adaptation.

Lumières différentes, atmosphère différente, souvenirs différents.

En mer, nous savons tout le temps où est le soleil et quand est sa méridienne, quelles sont les étoiles que nous pourrons voir, sous quelles latitude et longitude nous sommes. Avant de partir de Punta del Este, mes proches à qui je confiais être un peu terrifiée à l'idée de rentrer me disaient qu'il était temps de revenir dans le monde réel. Seulement le monde réel, il est là, sous mes yeux, tous les jours. Bien plus réel que le monde des terriens. Jacques Rougerie l'appelle le monde des merriens.

Les terriens ont inventé une autre réalité, une grande pièce de théâtre déconnectée de la Terre. Qu'il est bon d'être merrien... Il va vite falloir recréer un projet pour repartir.

29 mars.

On déboule : 10,2 nœuds vitesse surface de moyenne, un front devrait nous passer dessus, mais on ne sait pas si ce sera à 00 heure ou 12 heures TU, saleté de weather fax illisible.

Ça sent la grande période de veille. Pour l'instant, rien à signaler, pas un nuage.

Espérons que ce soit de jour : tout est prêt, le troisième ris est en place (nous l'avions enlevé dans le pot au noir pour enlever du poids dans le haut de la grand-voile), le yankee 3 est prêt à être hissé, la trinquette lourde aussi.

On grappille mille sur mille à *Spirit of Helsinki*, mais globalement l'écart reste le même, environ 220 milles. *T9* continue sa progression nord, mais toujours tendance ouest. Ils sont par 14° N 36° 40' O, à dache. Nous surveillons l'évolution de l'anticyclone des Açores, peut-être pourra-t-on lui échapper mais il ne va pas falloir mollir et user d'un peu de chance.

Pour l'instant nous sommes au près dans 20-25 nœuds de vent, deux ris artimon et grand-voile, trinquette légère et yankee 2. Tout va bien à bord à part la panne de l'hydrogénérateur, ce qui nous impose de tourner le groupe deux fois par jour. Cet hydro aura remarquablement marché sur toute la boucle, alors soit ce sont des sargasses ou du fil de pêche qui l'empêchent de tourner, ou bien il a un problème d'huile, ou un autre défaut technique. Il nous manque en tout cas.

Je dors mal, j'ai très mal à l'épaule en plus de ma patte folle. Lever le bras pour enlever une première peau devient compliqué.

3 avril.

Il fait nuit, il pleut… On vient de se cogner de longues heures de pétole, les voiles qui battent, etc. Là, nous étions sous spi, sans avancer dans la bonne direction, mais en avançant tout de même. Le vent tourne, on affale, on jibe, et on ne renvoie pas le spi derrière. Attendre que ça se stabilise… Finalement nous sommes à 9 nœuds, ça va.

T9 est revenu fort (ils sont vraiment capables de tout !) et va bientôt croquer *L'Esprit d'équipe.* On a dû perdre un peu de terrain dans la molle mais ce n'est même pas sûr, tant le front est grand.

L'anticyclone des Açores est lui aussi toujours aussi étalé, nous avons une chance de nous en sortir. En revanche, c'est quasi inéluctable pour le reste de la flotte.

J'ai réorganisé les quarts, Anne et Guillaume voudraient plus s'investir sur la météo alors j'ai switché avec Hugo, afin qu'eux aussi puissent profiter de Doule.

Il est 7 heures, je n'entends rien à la vacation. Depuis une semaine, la propagation est pourrie. J'espère avoir la position des copains à celle de 12 heures.

7 avril.

Ça commence à sentir l'écurie. Tant mieux car je suis épuisée. Nerveusement épuisée. Je n'arrive plus à dormir, je psychote beaucoup. Les derniers jours furent durs, tendance hardcore.

Le 3, nous sommes encore la fleur au fusil, sous runner, à aller chercher du vent.

Le 3 au soir, nous basculons sous spi lourd, et poussons la nuit sous cette configuration de voiles, hyper maniable, sécu à la barre, dans 25 nœuds, au top. Le 4, nous attendons le front, et basculons sous yankee S toute la journée. J'attends que le front passe, sensation d'avoir une épée de Damoclès au-dessus de la tête. Nous sommes donc sous yankee S tangonné, on va hyper vite, ça tartine sévère, avec 12,3 nœuds de moyenne.

Deux heures du matin, la pluie arrive, et peu après, le vent monte et bascule. Nous empannons le yankee S, un mousqueton large, et scénario catastrophe, la voile finit à l'eau !

La mer est grosse, le quart en manœuvre fait un super travail pour la ramener sur le pont. On renvoie le yankee 3, nous devons lofer. Le vent monte, fort. Je suis sereine, nous savons quoi faire. Seulement là, le vent fait vraiment beaucoup de bruit pour 30-35 nœuds et les vagues sont hyper puissantes. Ça ne va pas être simple. Surtout, je fatigue, je n'ai toujours pas dormi, ou très peu. Ça devient très dur de toujours subir la météo, d'être en permanence sur le qui-vive.

Je prends la barre pour ce qui devait être un quart de barre fun, à surfer à grande vitesse…

7 avril 2024. Dernier message de bord.

Dernière semaine de course, les Açores dans le sillage, nous sommes sur la latitude du cap Finisterre, de retour en terrain connu, quasiment dans notre jardin.

Et ce jardin-là, nous savons qu'il ne faut pas le sous-estimer et, au contraire même, le considérer avec grand respect. Avril est peut-être le début du printemps, il n'empêche que les températures sont encore froides, et les dépressions sur l'Atlantique bien présentes. Le bouquet final, c'est souvent la dernière semaine et nous n'y échapperons pas.

Après avoir passé l'équateur et l'anticyclone des Açores, nous espérions attraper une première dépression pour nous propulser jusqu'aux Açores, puis sur la pointe bretonne. *L'Esprit d'équipe* est toujours en bonne position, *Translated 9* est revenu dans le match après leur option ouest, nous sommes plus au nord et plus à l'est qu'eux, soit entre eux et l'objectif, nous sommes donc en position favorable.

Alors nous savons qu'il faut mettre à exécution le plan défini au départ de Punta : on va vite, on va vite, on va vite et on accélère à la fin. Le fichier météo tombe : la dépression arrive, c'est l'heure de pousser. Nous sommes sous spi médium, le runner, celui qui nous aide à descendre dans le vent. Le vent monte, graduellement, nous passons sous spi lourd et avalons les milles. Le vent monte encore, c'est l'heure du yankee S, une voile que nous avons dessinée pour ce tour du monde, destinée à être tangonnée. C'est une voile un peu creuse, légère car faite dans une sorte de toile à spi en plus costaud. Elle peut encaisser beaucoup et nous a bien rendu service sur ce tour. Seulement nous avons reçu nos voiles très peu de temps avant le départ, ce qui ne nous a pas permis de les utiliser dans toutes les conditions. Après quelques essais, nous nous apercevons que les mousquetons sont un peu trop légers, et que cette voile est fragile lors des empannages, mais nous lui trouvons aussi des aspects positifs inattendus. Nous aimons beaucoup cette voile, bien pratique.

Le bateau qui gagnera ce tour du monde sera celui qui arrivera à bon port en ayant trouvé le bon équilibre entre tirer sur le matériel et l'équipage et les préserver. Soit être en même temps sur le frein et sur l'accélérateur.

Ce soir, je fais un point météo avec Doule afin d'élaborer le scénario de la nuit, et anticiper la manœuvre. Le vent va monter et refuser : nous devrons donc détangonner ce yankee, l'empanner, et partir au vent de travers, reaching. Seulement, quelle sera sa limite de vent ? Il n'est plus question de préserver cette voile, c'est la dernière ligne droite, il faut tout donner. Pour finir de me convaincre, Doule a cette phrase magique : « C'est sur scène que Jimi Hendrix cassait ses guitares, pas ailleurs. »

Il fait nuit, le ciel est bouché, un grain arrive, le vent monte, et dans le grain, le vent refuse. Nous empannons le yankee, manœuvre délicate qui se passe bien. Je me crois sortie d'affaire. Sauf qu'un mousqueton a largué, alors nous décidons de l'affaler pour le remettre et renvoyer. La mer est formée, il y a déjà un bon 4 mètres de creux. Et au moment où ils choquent la drisse, les mousquetons cèdent tous, un à un. À la barre, je perds complètement le contrôle de l'étrave du bateau qui part au lof, finissant d'achever la voile, qui se transforme en une sorte de spi asymétrique. Et comme le dit mon ami Louis : « Leçon numéro un : le spi n'est pas une voile de près ! » Voilà comment perdre une voile à l'eau en quelques secondes… Les gars de l'avant parviennent, après une longue bataille, à la ramener sur le pont, nous renvoyons un yankee 3, et attaquons la dépression. Au matin, les conditions sont sérieuses, un vent établi à 40 nœuds avec des rafales régulières à 55 nœuds, et 6 mètres de vagues. Rien que le *VI* ne puisse endurer, mais on sent que ce n'est pas comme d'habitude. Nous sommes fatigués. Tom, Kai et moi avons fait tout le tour du monde, et là, nous le sentons. Les corps font mal ; il est de plus en plus difficile de dormir, la gestion du stress est aussi altérée. Mais c'est là qu'il ne faut rien lâcher, car le *VI*, lui, est en pleine forme. Grand-voile affalée, artimon haut (l'avantage des ketchs), il dévale et engrange les milles.

Une vague cependant est plus forte que nous : alors que je suis à la barre, une première me prend de court et me fait perdre en vitesse. La suivante sortira de nulle part, à une période jamais rencontrée, très haute, et avec une base étroite, sans pente pour partir avec elle. Une vraie méchante ; je ne peux hélas rien faire. Heureusement que mon baudrier est frappé au bateau : la vague couchera *Pen Duick VI*, je me retrouve pendue dans le baudrier avec des milliers de litres d'eau sur la pomme et cramponnée à la barre. Par chance, les équipiers de quart sont sous la casquette. Difficile de vous décrire ce moment, mais visualisez *Pen Duick VI* le mât à l'horizontale et le pont à 90 degrés, c'est l'angle minimum que nous avons eu… Les barres de flèche ne devaient pas être loin de l'eau. Le bateau se redresse et nous repartons, le *VI*, lui, n'a rien senti. En revanche, à l'intérieur, c'est un carnage : le moindre objet s'est transformé en projectile, avec au milieu, mes équipiers. Pour eux, le temps s'est arrêté, ils se sont écrasés contre les parois, sans avoir eu le temps de s'accrocher. Un départ au lof, on le sent venir. Pas une vague. C'est d'une violence inouïe, type plaquage en règle par Sébastien Chabal. Le bordé tribord est une scène de crime : en cause une bouteille de sirop et un pot de confiture qui ont éclaté du rouge partout. Mais pas de casse majeure et tout le monde va bien, juste bien sonné.

Nous continuons d'attaquer. À la vacation de 19 heures, nous avons augmenté notre avance sur *L'Esprit d'équipe*. La douche froide vient de *Translated 9* : nos meilleurs ennemis doivent se dérouter sur Madère, le bateau se délamine à nouveau, des seaux d'eau entrent par l'étrave. Cette nouvelle nous affecte ; notre relation est étroite avec l'équipage du bateau italien. Ils ont travaillé si dur depuis le début de ce tour, leur fatigue est grande, nous sommes désolés, tristes de les voir quitter ainsi la course. Tristes de ne pas les imaginer à Cowes, de ne pas fêter la fin du tour ensemble...

Et puis ce n'est pas drôle de gagner sur abandon de son adversaire, même si c'est la loi du sport. Pour gagner, il faut finir. Nous sommes très en avance, en théorie irrattrapables, mais quand même, c'est moins joli... Nous avons gagné des amis, mais nous restons sur notre faim, l'un voulant battre l'autre. Dans ma tête, je me dis alors que nous pouvons peut-être un peu lever le pied, nous permettre de tirer un peu moins sur la machine. Seulement, une nouvelle course commence : celle contre l'anticyclone des Açores qui a la bonne idée de remonter, entraînant avec lui les zones sans vent ! Alors on pousse, on passe les fronts, et dans les jours à venir, nous verrons si nous arrivons à passer… ou pas.

Nous sommes en route direct pour le Solent, bientôt à la latitude du cap Finisterre. Nous sommes en terrain connu, pourtant je sais qu'il ne faut pas sous-estimer ce passage.

En tout cas pour la première fois, j'avoue un certain soulagement à l'idée d'arriver. J'ai envie que ça s'arrête, surtout après les trois derniers jours qui ont été rock'n roll. Cette nuit devrait être plus simple : il est 1 heure du matin, je devrais pouvoir dormir quelques heures.

Je suis physiquement, émotionnellement, nerveusement épuisée. Il y a encore de la ressource, mais *Pen Duick VI* est clairement en meilleure forme que moi ! Je suis fatiguée, la charge mentale, celle de la décision, me pèse. Heureusement que la majorité de l'équipage a été remplacée à Punta del Este, eux sont en pleine forme et assurent sur le pont.

Il est l'heure de puiser dans les ressources et de profiter de ces derniers jours en mer ; nous avons encore eu de la chance de voir ce que peu de gens peuvent voir.

8 avril.

Je suis donc allée dormir à 1 heure du matin, pour être réveillée à 3 heures… Encore une fois une toute petite nuit de sommeil, une nuit en veille dans le carré. Vu la météo, probablement la dernière dans du vent. Nous sommes sur une tendance mollissante, mais toujours dans du vent. Pire, nous sommes les seuls dans du vent !

Une semaine que le vent n'est pas descendu en dessous de 30-40 nœuds.

9 avril.

Je me suis écroulée une heure, difficile d'écrire.

Nous sommes sous yankee 2 tangonné, deux ris grand-voile et artimon, assez safe normalement. Doule est à la barre. Nous sommes à moins de 450 milles de l'arrivée, ça se précise. Mieux, nous sommes probablement en tête des IRC sur cette manche !

Très peur de rentrer… Mais tellement fatiguée… Nous avons encore passé un front cette nuit, pluie et 30 nœuds. D'un côté, c'est bien, car on va vite. D'un autre, je suis impatiente d'avoir 15 nœuds au travers !

Je me demande s'il va y avoir des bateaux sur l'eau pour nous accueillir ou si nous allons arriver dans l'indifférence totale.

Sauf gros accident, nous allons gagner cette manche : 2, 2, 1, 1, on gagne le tour du monde en temps réel. Ça se pose là !

En tête au cap Horn, en tête la grande majorité de la course, on n'a pas à rougir. Je pense à tous ceux qui ont fait vivre ce bateau, qui ont navigué à bord du *VI*. J'espère qu'ils sont heureux.

13

Pen Duick VI for ever

Tous mes amis marins m'avaient prévenue, c'est difficile de rentrer d'un tour du monde. Le temps de récupération équivaut au moins au temps passé en mer. Dois-je compter huit mois ou deux ans ?

Après l'arrivée, mon équipage s'est séparé. Chacun est retourné auprès de sa famille. Même si nous gardons le contact depuis, nous ne referons pas quelque chose ensemble avant un moment et cela me rend triste. Revenir à bord du *VI* chaque semaine pour vérifier qu'il va bien est un peu douloureux. Le bateau est vide, désarmé ; il n'y a plus de vie à bord, plus de joie, plus personne, ça résonne presque… Il reste des vestiges du passage de mes marins : le saucisson et le thé de Tom dans la soute à voiles, des livres, des peluches, une boule à facettes, et tellement de souvenirs… Chaque fois que je monte à bord, je m'attends à voir Véro ou Estelle dans la cuisine, Simon qui sort de la coursive, Kai qui bricole dans la soute à voiles, Laurent qui lit dans le carré, Mathys et Hugo à côté du weather fax, Franck qui se réveille et qui s'habille alors que ce n'est pas son quart (et qui se retrouve harnaché alors qu'il peut aller se recoucher !).

En regardant la célébration des médaillés olympiques au pied de la tour Eiffel, en août 2024, j'ai réalisé qu'il nous avait vraiment manqué quelque chose à l'arrivée de l'Ocean Globe Race. De la joie. Une grosse et belle explosion de joie. Célébrer, marquer le coup. Après cette échéance majeure, ce tour du monde bouclé de belle manière, le vide qui a suivi a été abyssal. Il est bien connu, ce blues post-échéance, pour les marins tour-du-mondistes, comme pour tout athlète qui a tout sacrifié pendant quatre ans en vue des JO. Alors qu'on a mangé, dormi et vécu pour un objectif durant des mois, des années, soudain il n'y a plus d'échéance, plus d'adrénaline. Le vide. Et cette question qui revient sans cesse : « Et maintenant, quels nouveaux projets ? » Comment apporter une réponse ? Nous sommes fatigués, nous voulons simplement profiter du moment, du retour à la réalité. Notre compétition a duré huit mois. Huit mois au taquet. Je ne suis pas certaine qu'il y ait d'autres compétitions sportives aussi longues. Il s'est passé tellement de choses en huit mois que la tête va mettre très longtemps à tout assimiler.

Le temps en mer n'est pas comme le temps à terre.

Le temps en mer est comme suspendu : nous ne répondons qu'à nos besoins et à ceux du bateau.

Le reste est rythmé, dicté par la nature. À terre, la société est de plus en plus agitée, tout doit y être de plus en plus accessible.

Nous en oublions que nous vivons à bord d'un vaisseau spatial, que c'est lui qui impose ses règles, et le temps. Nuit, jour, les saisons, aucune variation. Ce vaisseau nous apprend à avoir des valeurs et nous demande de l'écouter, de le respecter. Si nous ne le respectons pas, la sanction peut être lourde, définitive.

Certains pensent que l'on s'ennuie en mer, alors que nous sommes souvent très occupés. En revanche, notre esprit est régulièrement au repos, ne serait-ce que grâce aux nombreux moments où nous pouvons nous apaiser par la contemplation ou la méditation.

La charge mentale de la vie à terre est grande, probablement trop grande pour nos petits cerveaux d'humains. Trop d'informations du monde entier, trop d'information du monde des humains, trop de catastrophes, alors qu'en mer, nous prenons le pouls de la Terre. Nous la respirons, l'embrassons. Depuis que je suis rentrée, j'ai l'impression de vivre dans un brouhaha constant, comme si j'entendais en permanence un essaim d'abeilles autour de moi.

Ce grand décalage est heureusement aussi une source de réconfort, un refuge. Je sais que quelque part en mer, il y a un coucher de soleil et un équipage qui l'admire, que quelque part en mer, il y a un grain qui ressemble aux portes du Mordor, qu'ailleurs encore en mer, il a des albatros dans un ciel tout gris, des vagues incroyables ou une mer d'huile, de toute façon, c'est toujours beau. La mer régule le monde, elle absorbe nos angoisses, nous offre son énergie, nous apaise, même si elle est loin de nos yeux.

Tandis que je suis à terre, il y a un monde qui vit, magnifique, et même s'il est le fruit de mon imagination, il est bien réel.

Ce décalage est apaisant. Pourtant, s'il y a de la gratitude d'avoir vu ce que peu d'humains peuvent voir, il y a l'inquiétude de ne jamais pouvoir le revoir, ou pire, de l'oublier…

Bizarre comme sentiment, comment nous créons nos propres angoisses… À l'heure où j'écris ces lignes, cela fait sept mois que nous sommes de retour, et je commence à peine à remettre ma vie et mon physique en ordre.

Il m'a fallu une longue période d'introspection, qui n'est pas encore finie, pour émerger du blues, du vide et pouvoir comprendre et apprécier l'enseignement que la nature et la vie m'ont offert.

Enfin, une certaine stabilité dans ma vie commence à émerger, j'ai ma première maison, une vraie, avec quatre murs et un toit. Un endroit à moi, où je peux être seule et recevoir mes amis. Un endroit simple, avec du caractère, au milieu de la forêt, où on ne peut pas accéder en voiture. Un vrai cocon, sous une chapelle de verdure. Je retrouve mes amis, je les accueille dans ma maison, ici ils savent que la table est bonne et qu'ils sont toujours les bienvenus, même si je ne suis pas là.

Je retrouve ma Triumph, qui me permet de rouler sur les routes de la baie d'Audierne, d'en sentir toutes les odeurs. Explosion olfactive surtout après tant d'absence. Si la Bretagne est riche, le Finistère est d'une richesse incroyable. Je ne suis pas chauvine, c'est un fait : c'est l'un des plus merveilleux endroits où vivre !

Pendant ces deux années en mer, mon poulain Qashmir a grandi, il est fin prêt pour sa rentrée des classes. Une routine quotidienne qui participe aussi à la reconstruction de mon équilibre, même si Qashmir m'a causé bien des soucis. Pur-sang lusitanien très près du sang, intelligent et émotif : il me faut user d'écoute, de patience et de toute ma boîte à outils pour tailler ce petit diamant. Et bien sûr, il y a les retrouvailles avec mon cher Spring Loaded avec qui je partage ma vie depuis bientôt vingt ans.

Nous ne sommes pas des machines et d'ailleurs, même les machines, on les envoie en révision. Accepter de prendre du recul, pour prendre de l'élan.

La boîte à idées dans mon esprit a recommencé à rêver, à construire de nouveaux projets. Pendant quelque temps, je ne vais plus pouvoir partir au long cours. Je viens de partir deux ans, et après autant d'années entre Paris et *Pen Duick VI*, rester à terre me fera du bien.

Cela ne durera pas longtemps, ma joyeuse bande de Volon'Terre a toujours une envie furieuse de naviguer, *Pen Duick VI* est rentré en parfait état auprès de ses frères. Et moi, j'ai toujours envie de découvrir le monde avec lui. Surtout, je réalise de plus en plus que le brouhaha de la vie terrienne n'est pas vraiment supportable, que le silence et la simplicité de la vie en mer me sont indispensables. Qu'est-ce que nous étions bien tout là-bas…

Le temps est venu de transmettre d'une autre façon. Mes bateaux doivent être utiles et cela fait un moment que je cherche un fonctionnement pérenne pour eux, afin qu'ils ne soient pas dépendants de moi. Je n'aurai pas d'enfant et leur avenir après moi m'a toujours obsédé. Ma mère et moi sommes gardiennes de bateaux, pas propriétaires. Nous appartenons aux bateaux, pas l'inverse.

Notre société a besoin d'aventure humaine, et pour cela, rien de mieux que le bateau à voile, en équipage. Mais il n'y a pas beaucoup de lieux où un plaisancier débutant peut sérieusement appréhender le large. La plaisance est vieillissante, avec une jeunesse qui se tourne de plus en plus vers des sports plus faciles à consommer.

Être en mer et en équipage développe des valeurs très fortes, la solidarité, la bienveillance, l'écoute, l'entraide, l'empathie. Et pour tout cela, les *Pen Duick* sont de fabuleuses plateformes d'apprentissage.

Alors il ne serait pas impossible que d'ici quelque temps, naisse à Lorient l'Académie Tabarly.

Mais pas tout de suite. Ma tête n'a pas encore fini ce tour du monde, mon voyage intérieur est toujours en cours, son apprentissage pas encore tout à fait délivré.

« L'équipage était bon, le bateau était bon, la mer l'a permis. » Quelle chance… mais quelle chance nous avons eue de vivre cette histoire d'humains et de bateaux. Merci…

Annexes

Membres d'équipage du tour du monde

Étape 1
1. Marie
2. Tom Napper
3. Kai Weeks
4. Philippe Péché (Pépèche)
5. Guillaume Tauran
6. Éléa Luçon
7. Anne de Kerviler
8. Simon Lebreton
9. Laurent Vancutsem
10. Estelle Baud
11. Ondrej Kotab
13. Éloïse Le Bras

Étape 2
1. Marie
2. Tom Napper
3. Kai Weeks
4. Philippe Péché
5. Simon Lebreton
6. Véronique Bonneville
7. Franck Dumas

8. Mathys Delmere
9. Noé Tschöpe
10. Julia Joly
11. Édith Lebon
12. Ondrej Kotab

Étape 3
1. Marie
2. Tom Napper
3. Kai Weeks
4. Gérald Véniard
5. Estelle Baud
6. Édith Lebon
7. Mathys Delmere
8. Noé Tschöpe
9. Anne de Kerviler
10. Julia Joly
11. Franck Dumas
12. Hugo Lefort

Étape 4
1. Marie
2. Tom Napper
3. Kai Weeks
4. Gaël Ledoux
5. Laurent Vancutsem
6. Hugo Lefort
7. Clémence Tercinier
8. Véronique Bonneville
9. Éloïse Le Bras
10. Guillaume Tauran
11. Éléa Luçon
12. Anne de Kerviler

Glossaire

Abattre : s'éloigner du lit du vent.

Affaler : action de descendre une voile.

Amure : côté du bateau par lequel il reçoit le vent (« bâbord amures », lorsque le vent vient de bâbord ; « tribord amures », lorsque le vent vient de tribord).

Ardent : se dit d'un bateau qui a une tendance naturelle à remonter au vent.

Artimon (ou voile d'artimon) : voile portée sur le mât d'artimon, soit le plus petit des deux mâts d'un voilier de type ketch.

Aulofée : mouvement du bateau qui vient dans le lit du vent.

Au près : allure d'un voilier qui remonte au plus près de l'axe du vent.

Au portant : regroupe toutes les allures pour lesquelles le vent vient de l'arrière du bateau.

Bâbord : désigne le côté gauche d'un bateau lorsqu'on regarde vers l'avant de celui-ci

Balancine : cordage partant du haut du mât qui permet de soutenir et de régler la hauteur des espars.

Barbules : en météorologie, barbule et hampe de vent sont des symboles pour indiquer la force et la direction du vent sur une carte. La hampe est une courte ligne droite dont une extrémité touche le cercle de la station météo et représente la direction d'où souffle le vent. Les barbules sont des traits droits obliques pointant vers les basses pressions placés à l'extrémité de la hampe pour représenter la vitesse du vent.

Barre : combiné au safran, elle permet au bateau de tourner. La barre peut être une barre franche agissant directement sur le safran ou une barre à roue agissant sur le safran par l'intermédiaire de drosses.

Barreur : membre de l'équipage qui tient la barre, c'est-à-dire qui maintient le bateau dans la direction souhaitée.

Bastaque : hauban mobile qui retient le mât sur l'arrière.

Bers : berceaux de calage.

Border : ramener la voile vers l'axe du bateau en tirant sur un cordage (l'écoute), mettre de la tension à un cordage, une écoute, une drisse ou une voile.

Bout : désigne tout type de cordage sur un navire.

Bout-dehors : espar fixe ou rétractable pointant à l'avant d'un bateau dans l'axe du navire pour gréer des voiles d'avant.

Carène : partie immergée de la coque d'un bateau. On peut associer ce terme à celui d'« œuvres vives ».

Choquer : éloigner la voile de l'axe du bateau en relâchant le cordage (l'écoute). Détendre, donner du mou à un cordage, une écoute, une drisse ou une voile.

Crash box : caisson étanche dont la fonction est d'éviter l'envahissement par l'eau en cas de choc de l'étrave.

Drisse : cordage servant à hisser ou à affaler (une voile, un pavillon, etc.).

DST : dispositif de séparation du trafic. Système d'organisation visant à séparer des flux de trafic opposés notamment par l'établissement de couloirs de circulation. Objectif : améliorer la sécurité de la navigation dans les zones où celle-ci est menacée par la densité du trafic associée à des difficultés naturelles.

Écoute : bout (cordage) servant à régler l'angle d'une voile par rapport au vent. Il y a une ou plusieurs écoutes dédiées à chaque voile hissée (grand-voile, génois, spinnaker, etc.).

Embraquer : tendre, raidir un cordage.

Empannage : voir « jibe ».

Endrailler : établir une voile sur un câble (nommé draille) ou un hauban, au moyen de mousquetons ou de coulisseaux.

Espar : nom générique qui désigne les différents éléments du gréement comme mât, bôme, tangon, etc.

Estime : art de tracer sa route en navigation sans l'aide d'instruments électroniques.

Étai : câble servant à maintenir le mât longitudinalement vers l'avant.

Étarquer : action de tendre au maximum la drisse.

Étrave : Pièce saillante qui forme la proue d'un navire.

Faire l'avant : voire « numéro un ».

Faire un vrac, partir en vrac : perdre le contrôle du bateau.

Fichier GRIB (GRIdded Binary) : format de fichier utilisé en météorologie pour la diffusion de données de prévisions, plus compact que les cartes météo graphiques numériques et donc mieux adaptés aux téléchargements en sans fil.

Gennaker : contraction de génois et de spinnaker, voile d'avant intermédiaire entre le génois et le spinnaker asymétrique, utilisée dans les allures portantes.

Gîte : inclinaison latérale d'un bateau sous l'effet du vent ou d'une cause accidentelle.

Grand-voile : voile principale sur un voilier à mât unique ou plus grande voile portée par le plus grand mât sur un voilier à mâts multiples.

Gréer : mettre en place un mât, une voile, une vergue, etc.

Hale-bas : dispositif permettant de maintenir vers le bas un espar (bôme, tangon).

Haubans : câbles métalliques ou textiles qui permettent de tenir le mât en latéral.

Jauge : règles définissant les caractéristiques du voilier à respecter par l'architecte si le bateau doit participer à des compétitions.

Jibe : action d'empanner, manœuvre qui consiste à faire tourner le bateau dos au vent de manière à changer le côté du bateau qui reçoit le vent.

Lofer : faire venir le navire plus près du vent en se servant du gouvernail ; venir au lof, au vent.

Matossage : à l'origine, le mot désigne l'équilibrage de la cargaison sur un navire de charge. Par extension, il désigne tout déplacement de matériel sur un voilier.

Mille nautique : 1 852 mètres.

Molle : baisse de vent passagère.

Mou : se dit d'un bateau qui a une tendance naturelle à s'éloigner du vent.

Nœud marin : 1,852 kilomètre à l'heure.

Numéro un : équipier en charge de la coordination des manœuvres des voiles en avant du mât, soit sur la « plage avant ».

Outrigger : espar établi obliquement depuis le pont au niveau du pied de mât, perpendiculaire à l'axe du voilier, et jouant le rôle d'une barre de flèche.

Pétole : absence de vent.

Plage avant : zone du bateau en avant du pied de mât jusqu'à l'étrave.

Pot au noir (ou doldrums) : zone de convergence intertropicale située un peu au-dessus de l'équateur. Elle correspond à une zone météorologique très instable. Les marins qui y passent peuvent s'y engluer dans des zones de calme ou, au contraire, y subir des grains violents.

Range de voile : plage d'utilisation d'une voile en fonction de la force et de l'angle par rapport au vent.

Rating : résultat du calcul par une formule de jauge ou par les critères d'évaluation d'une jauge de course. Il permet l'estimation de la vitesse des voiliers afin d'établir leur catégorie, leur classe ou le classement lors d'une régate.

Ris : la prise de ris (verbes associés : « prendre un ris » ou « ariser une voile ») consiste à réduire la surface d'une voile en la repliant en partie. L'objectif est d'adapter la surface de la voilure à la force du vent lorsque celui-ci forcit.

Safran : gouvernail d'un navire, constitué d'un plan vertical pouvant pivoter afin de dévier le flux d'eau sous la coque pour changer la direction du bateau.

Spi, spinnaker : voile très creuse et légère, en forme de parachute, hissée aux allures portantes.

Tangon : espar mobile établi horizontalement depuis le grand mât. Un tangon est un élément du gréement des voiles d'avant, associé au spinnaker, pour déplacer le point d'amure du spi.

Tribord : désigne le côté droit d'un bateau lorsqu'on regarde vers l'avant de celui-ci.

Trinquette : foc le plus proche du mât, c'est la plus petite des voiles d'avant. Il y a la possibilité de choisir entre deux trinquettes de tailles différentes à bord de *Pen Duick VI*.

Virement de bord : manœuvre qui consiste à faire tourner le bateau face au vent de manière à changer le côté du bateau qui reçoit le vent.

Winch : treuil fixe permettant de border ou de hisser plus facilement les voiles. Il y a vingt-cinq winchs à bord de *Pen Duick VI*.

Yankee : foc le plus proche de l'étrave, avec un point d'écoute haut. Il y a la possibilité de choisir entre trois yankees de tailles différentes à bord de *Pen Duick VI*.

Parcours de
l'Ocean Globe Race 2023
de *Pen Duick VI*

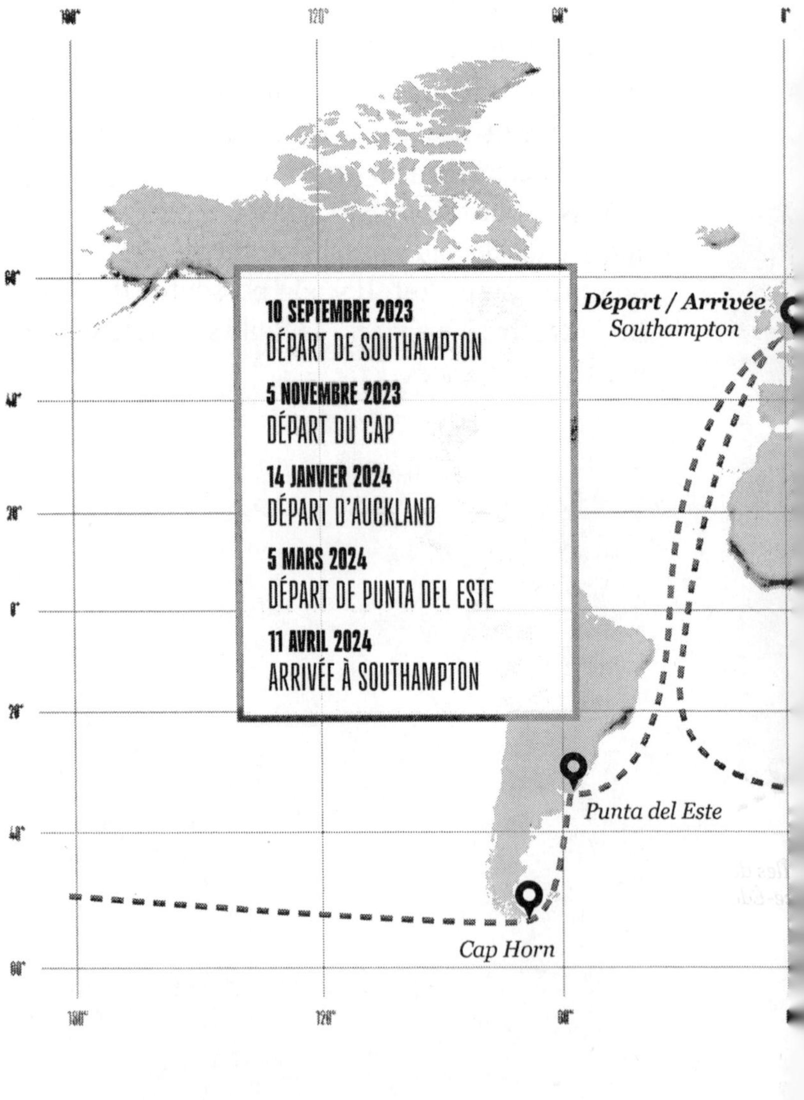

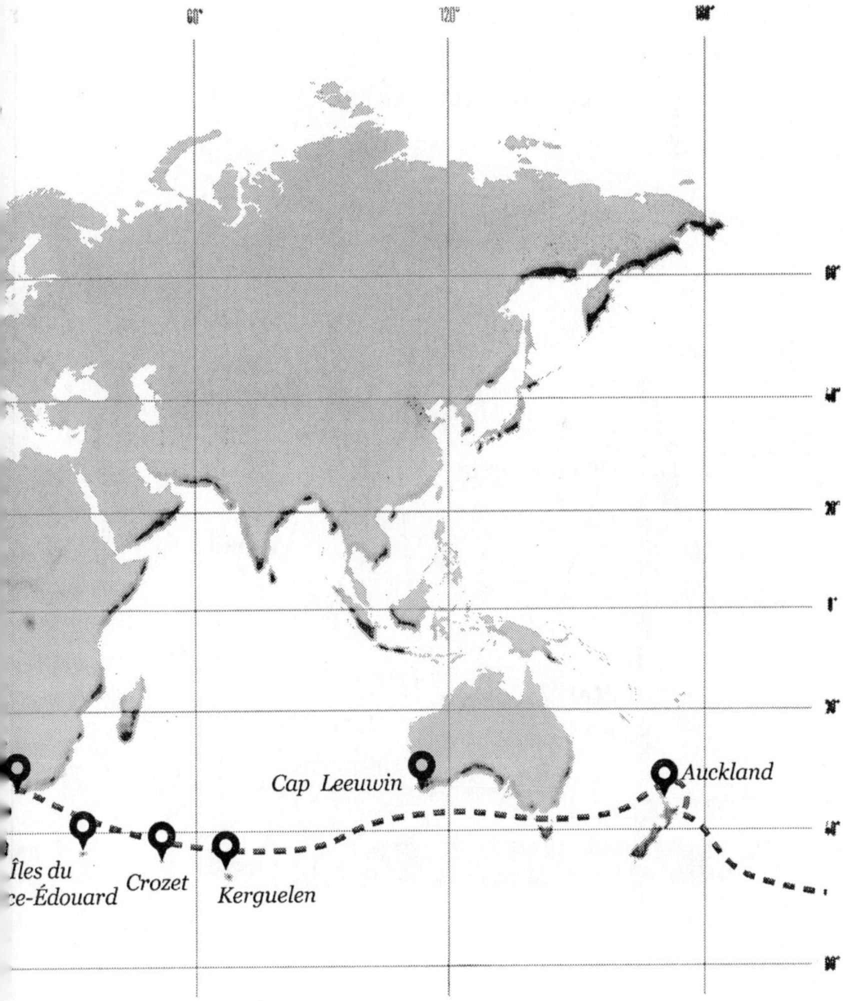
60°
120°
Cap Leeuwin
Auckland
Îles du
ce-Édouard
Crozet
Kerguelen

Schéma des voiles

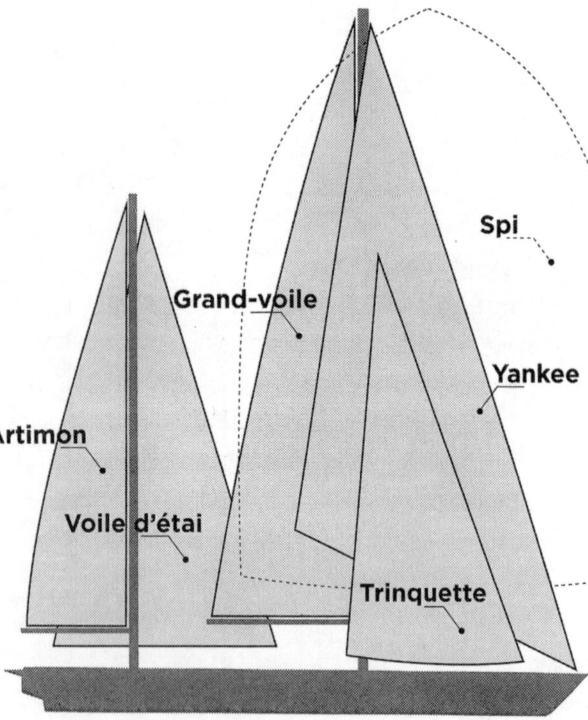

Schéma des allures

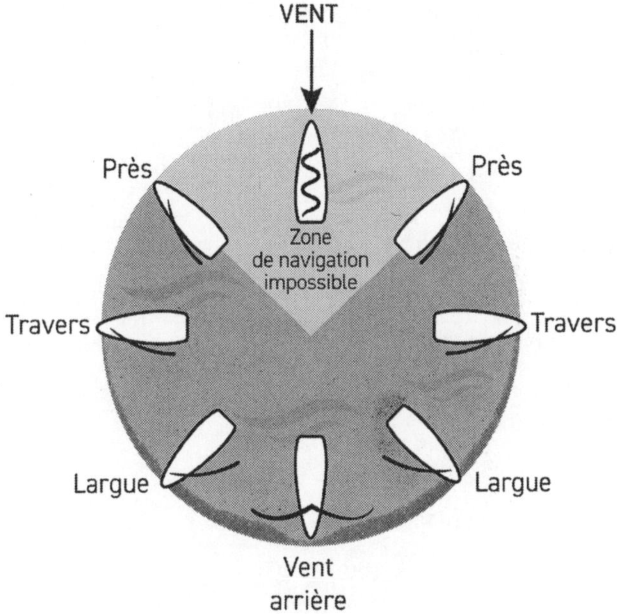

Table

Cet ouvrage a été mis en pages par

<pixellence>

CET OUVRAGE
A ÉTÉ ACHEVÉ D'IMPRIMER
SUR ROTO-PAGE
PAR L'IMPRIMERIE FLOCH
À MAYENNE EN MARS 2025

N° d'éd. 656379-0. N° d'impr. 106703
Dépôt légal . : avril 2025
Imprimé en France